Praxisbuch

Computeranwendungen für Christen

Peter-Christian Graße

Peter Graße ist Pastor im Bund Freikirchlicher Pfingstgemeinden K.d.ö.R,
EDV-Dozent für Bildungsmaßnahmen nach dem Arbeitsförderungsgesetz,
Herausgeber von „Logos", dem christlichen Computermagazin.

Die Deutsche Bibliothek — CIP Einheitsaufnahme

Grasse, Peter-Christian
Praxisbuch Computer für Christen / Peter Christian Grasse. —
Neuhausen-Stuttgart: Hänssler 1996
   (Edition C : W, Wege zum Dienst ; 75 : Werkbuch)
   ISBN 3-7751-2646-5
NE: Edition C /W

EDITION C-Praxisbuch
Bestell-Nr. 55.575

© Copyright 1996 by Hänssler-Verlag Neuhausen
Umschlaggestaltung: Stefanie Stegbauer
Satz: Peter-Christian Graße, Uetze
Printed in Germany

Inhalt

Keine Angst vor dem Computer

Personalcomputer 12
Streifzug durch 100 Jahre Computertechnik 14

Die Grundausstattung...................................... 15
Der Aufbau einer PC-Anlage........................... 18
Die Tastatur.. 20
Verschiedene Drucker 22

Ein kleiner MS-DOS Grundkurs............................ 26
Platten, Verzeichnisse und Dateien..................... 26
Platten/Laufwerke 26
Die Festplatte....................................... 27
Diskettenformate 28
Platten formatieren 28
Dateien unter MS-DOS................................ 29
Dateinamen... 29
Globale Dateinamenzeichen 30
Reservierte Dateinamen............................. 31
Der MS-DOS Editor.................................. 31
Verzeichnisse und Pfade............................. 32
Datensicherung...................................... 33
Sicherheitskopien.................................... 34
Plattentest... 35
Datei gelöscht? 35
Systemkonfiguration 36
Der Systemstart 36
Die Konfigurationsdatei CONFIG.SYS.............. 37
Die Datei AUTOEXEC.BAT 38

Microsoft-Windows 39
  Die Bedienung von MS-Windows 40
    Der Windows-Arbeitsbildschirm 41
    Der Dateimanager in Windows 43
    Multitasking mit Windows 47
    Wie nutze ich Multitasking? 48
    Die Zwischenablage 49
  Windows 95 50

Office Programme 53
  Textverarbeitung 53
    Der Serienbrief 55
  Tabellenkalkulation 57
  Datenbankanwendung 59

Adobe PageMaker 60

Software-Katalog

Programme zur Bibel
  Warum christliche Software? 65
    Luther Bibel für Windows 68
    Elbiwin 5.0 74
    Elbikon für Windows 79
    Hoffnung für alle-Übersetzung 79
    Einheitsübersetzung der Bibel 84
    Bible Works 85
    Bibel Plus 88
    Online Bibel 90
    Lexikon zur Bibel 92
    Bibelatlas für Windows 97

Verwaltung
Software für die Verwaltung 99
MSA Maus Gemeindegliederverwaltung 101
Sinfonie 106
OptiGem 109
Donum 112
Geburtstagsblatt 117

Grafiksammlungen
Corel Foto-CD Israel 119
Bible Picture Library 122
Christian Images − Grafiksammlung 124
Der Gemeindebrief 125
image digital 127
Picture Office 129
Religious ClipArts 131

Unterhaltung
Christliche Computerspiele 135
Noah & Co. 136
Malkasten 136
Exodus 137
Die Abenteuer des Königs Davids 138
Kinder entdecken Die Bibel 140
Die interaktive Reise durch das Leben Jesu 144
Shalom Windows 147
Bibel und Geschichte 149
Die Stiftshütte 151
Bummel durch Jerusalem 153

Hilfreiche Programme
„Choral" − Wenn der Computer Kirchenlieder spielt 155
Die Losungen 157

Neukirchener Kalender.............................. 159
Computermission verschenkt jährlich
20.000 Disketten..................................... 161

Jesus auf der Datenautobahn

Die legendäre „Datenautobahn" Internet 164

Die erforderliche Ausstattung............................ 167
Softwareinstallation und Nutzung...................... 168
Elektronische Post 170
Online-Homebanking................................ 172
Wie surft man im Internet 174
Der Chatroom 177
Dominica Andersons's christlicher Chatroom 179
Virtual Jerusalem.................................... 181
Prayer Room... 184
Newsgroups für Christen 185
Publizieren im Internet 188
Werkzeuge zur Erstellung eigener Webseiten........ 195
Was ist eine Internet-Homepage? 196
LOGOS Online 199
Die Evangelische Kirche in Deutschland 201
Der Vatikan im Internet............................ 202
Die Luther Bibel im Internet....................... 203
Elberfelder Bibel................................... 204
Evangelischer Presse Verband (München) 205
Die Online Pfarrerin............................... 206
Jesus Web Page (deutsch) 207
Besuch in Wittenberg 208
DAWN Fridayfax.................................... 209
Vineyard Bewegung 210
Entschieden für Christus (EC)...................... 211

Jerusalem One 212
Jesus Online Magazin 213
Evangeliums Rundfunk 214
Campus für Christus 215
Botschaft des Staates Israel 216
Best of the Christian Web 217
Religio-Sektendatenbank 218
Qumran 219
Jerusalem Post 220
Musikinterpreten 221
Die Lausanner Erklärung 222
Das Sonntagsblatt 223
MAF Missionsflugdienst 224
Die Weltbevölkerung 225
Deutsches Spendeninstitut 226
Die Guten WWW-Seiten von Kiel 227
Operation Mobilisation 228
Jugend mit einer Mission 229
Serious Developments (Software) 230
Internet for Christians Newsletter 231
Katholische Glaubensinformation (KGI) 232
ARD-Serie: Die Bibel 233
Kinderhilfswerk Bergen 234
Internationale Bibelgesellschaft 235
GOSHEN – Internetsuchsystem für Christen 236
World Vision 237
Unverstandene Dinosaurier 238
Christus im Wüstenkloster 239
Elbikon für Windows 240
Bethany Bible Collection – Freie Software 241
Wort und Wissen e.V. 242
Ökumenischer Weltrat der Kirchen 243
Wycliffe Bibelübersetzer 244
Benny Hinn 245

Internet Hochschule — Online Bible College 246
Studentenmission in Deutschland 247
Christlicher Verein Junger Menschen (CVJM)....... 248
Kolping Jugend 249
Geschichte der Charismatischen Bewegung 250
Contrapunkt 251

Index 252

Adressenverzeichnis 258

Keine Angst vor dem Computer

Personalcomputer

Gegenwärtig gibt es weltweit rund 140 Millionen Personal-computer. Davon arbeiten die meisten Geräte mit den Betriebs-systemen MS-DOS oder WINDOWS, beides Produkte des Her-stellers Microsoft. Was ist eigentlich ein Personalcomputer? Das Wort: „compute" stammt aus der englischen Sprache und bedeutet soviel wie „rechnen". Ein Computer ist also ein Rech-ner. Bei der Erfindung der Computertechnik stand die Lösung von mathematischen Aufgabenstellungen im Vordergrund. Die ersten elektromechanischen Zählmaschinen von Hollerith (USA) arbeiteten mit Lochkarten als Informationsspeicher und wurden für Volkszählungen am Ende des vergangenen Jahrhun-derts eingesetzt. Später wurde aus den Hollerithschen Zähl-maschinenwerken die heute weltbekannte IBM.

In den Jahren 1935 bis 1942 erfand der Deutsche Karl Zuse ei-nige elektronische Rechenmaschinen, die heute als die ersten Computer überhaupt betrachtet werden. 1946 gelang jedoch den Amerikanern mit dem ENIAC der Durchbruch in der Computer-forschung, und das Computerzeitalter begann. Der ENIAC war seinerzeit mit 120 Quadratmeter Grundfläche und dem Gewicht von 30 VW-Golf ein einziges Ungetüm. Um ihm neue Arbeits-programme beizubringen, mußten Tausende von Drähten jedes-mal umgesteckt werden. Erst später wurden flexible Program-miersprachen entwickelt. Der ENIAC konnte trotz seiner gewal-tigen Ausmaße nicht mehr leisten als ein moderner Solarta-schenrechner in Scheckkartengröße.

Nixdorf war in den 60er Jahren einer der Pioniere der kleine-ren Computeranlagen, der sogenannten mittleren Datentechnik. In den 60er Jahren wurden auch die Programmiersprachen wei-ter entwickelt, die es heute erlauben, auf derselben Hardware eine Vielzahl von verschiedenen Anwendungen zu nutzen. Die ersten Computer dienten noch der Berechnung der Flugbahn von Fluggeschossen. Später wurden sie in Verwaltung, Wirtschaft und Forschung angewandt. Heute können Sie auf dem gleichen Computer statistische Mathematik, Textverarbeitung, Fotobearbeitung, Videoschnitt, Musik von Bach, Zeitungen oder Computerspiele nutzen. Daß dies möglich wurde, verdanken wir den Programmen der sogenannten Software. Ein Programm ist nichts anderes als eine Sammlung von Befehlen und Anweisungen an den Computer. Hier unterscheidet den Computer nichts von einer Waschmaschine, beide werden über ein sogenanntes Programm gesteuert. Dieses Programm muß in einer Befehlssprache gehalten sein, die der Computer versteht. Daher mußten die ersten Computerinstrukteure zugleich die Programmiersprache beherrschen. Doch schon bald kamen vereinfachte Betriebssysteme, die die Programmausführung nun automatisierten und für den Anwender eine einfach zu bedienende Oberfläche bereit stellten. Der Datentypist am Bildschirmarbeitsplatz der 70er Jahre bekam den eigentlichen Computer nicht einmal zu sehen. Er gab seine Daten am Bildschirm über die Tastatur ein, und die Verarbeitung der Daten fand in einem getrennten Raum unter der Obhut von studiertem Fachpersonal statt. Allein die Konfrontation mit dem abschließenden Ausdruck seiner Arbeit erinnerte den Datentypisten wieder daran, daß sein Arbeitsplatz irgendwo mit einer Rechenanlage verbunden war.

Anfang der 80er Jahre machten es neue technische Errungenschaften möglich, einen sogenannten Mikrocomputer zu konstruieren, der nun komplett auf dem Arbeitsplatz stehen konnte. Die Stunde des persönlichen Computers (Personal Computer) hatte begonnen. Ein gewaltiger Siegeszug begann, mit Auswirkungen, die jene der industriellen Revolution des letzten Jahrhunderts noch übertreffen. In nur 15 Jahren wurden weltweit mehr als 140 Millionen dieser Geräte verkauft. Gegenwärtig arbeitet bereits etwa jeder dritte Arbeitnehmer in Deutschland mit einem Computer.

Streifzug durch 100 Jahre Computertechnik

1890 Hermann Hollerith baut die ersten elektromechanischen Zählmaschinen in den USA.

1924 Die bereits 1911 gegründete Hollerithsche Zählmaschinenfabrik wird umbenannt in IBM.

1935 „Erfinder" des Computers: der Deutsche Konrad Zuse.

1946 In den USA wird ENIAC (ein Großcomputer) eingesetzt.

1952 Entwicklung der Transistortechnik. Umfangreiche Schaltkreise werden auf kleinstem Raum untergebracht.

Mitte der 50er Jahre: Entstehung der Programmiersprache. Eine Programmiersprache dient zum Übersetzen der Sprache des Menschen in die Maschinensprache des Computers.

1952 Heinz Nixdorf entwickelt in Paderborn sogenannte Kleinrechner (Minicomputer).

1965 Bei den Bundestagswahlen werden erstmals Computer für die Auszählung eingesetzt.

In diesen Jahren gelingen auch erstmals Experimente mit der Datenfernübertragung.

1971 Erfindung der Flüssigkristallanzeige (LCD). Texas Instruments baut die ersten Taschenrechner.

1976/78 Steven Jobs und Stephen Wozniak entwickeln erste Mikrocomputerplatinen in ihrer Garage. Hieraus wurde der Apple-Computer.

1981/82 IBM verkauft seine ersten Mikrocomputer. 1982 werden die ersten dieser Personal Computer in Europa angeboten.

1984 AT-Technik (Advanced Technology) mit 286er Prozessoren und serienmäßig mit Festplatten. 1996 Die überraschend schnelle Ausbreitung des PC, nach nur fünfzehn Jahren gibt es heute weltweit mehr als 140 Millionen Geräte, begründet auch den Erfolg des Microsoft-Gründers Bill Gates, inzwischen ist er der reichste Mann der Welt.

Die Grundausstattung

Als Computer-Referent wird mir oft die Frage gestellt: „Welchen PC sollte man sich heute kaufen?" Leider ist hierauf nur schwer eine Antwort zu geben. Pro Jahr fallen die Preise im Computermarkt um bis zu 50 Prozent. Das bedeutet, ein Gerät das vergangenes Jahr einen Wert von 2000 DM hatte, ist heute oft schon für 1000 DM zu bekommen. Das erklärt sich vor allem durch die hohe Massenproduktion wie auch durch die ständigen neuen technischen Errungenschaften. Die Computer werden immer leistungsfähiger. Um hieran nicht zu zerbrechen, hilft sich die Computerindustrie mit einem einfachen Mittel. Geräte, die nicht dem aktuellen technischen Niveau entsprechen, werden nicht etwa für die Hälfte verkauft, sondern ihre Produktion wird völlig aufgegeben. So gibt es seit Jahren ein Einstiegsniveau im Computermarkt bei knapp über 2000 DM. Bei den geringen Gewinnen der Branche (oft weniger als fünf Prozent an einem Gerät) lohnt sich offenbar unter diesem Status Quo kein Verkauf. Das heißt für den Kunden, daß der Einstieg im nächsten Jahr nicht billiger wird, aber man bekommt für das gleiche Geld immer mehr Leistung.

Derzeit ist die Einstiegsklasse die Gruppe der sogenannten Pentium Computer (ab 100 MHz) mit einem Arbeitsspeicher von mindestens 8 MB RAM, einer Festplatte ab 1 Gigabyte, einer Grafikkarte mit 1-2 MB Grafikspeicher, einem Diskettenlaufwerk (3,5 Zoll) und einer CD-ROM mit sogenannter vierfacher Umdrehungsgeschwindigkeit. Dazu gehört ein strahlungsarmer Bildschirm mit mind. 1024 x 750 Bildpunkten und ab 14 Zoll Bildschirmdurchmesser. Besser für die Arbeit mit modernen grafikorientierten Programmen sind größere Bildschirme, mit etwa 17 Zoll oder mehr. Zusätzlich benötigen Sie eine sogenannte Maus, ein spezielles Zeigegerät für den Computer. Auch bei der Maus und der Computertastatur sollten Sie auf eine gute Qualität und Verarbeitung achten, denn als Eingabegeräte sind gerade diese beiden Hilfsmittel besonders intensiv mit Ihrer täglichen Arbeit verbunden. Ebenso spielt auch die Auswahl eines hochwertigen Bildschirms eine wichtige Rolle für Sie. Ihre Augen sollten Ihnen wertvoll sein, jeder Monitor hat durch das elektronische Bild und die damit verbundene, nicht völlig zu verhindernde Entstehung elektronischer Strahlungen einen wichtigen Einfluß auf Ihre Gesundheit. Sie sollten die Zeit am Computerarbeitsplatz insgesamt eingrenzen und mit regelmäßigen Pausen unterbrechen. Insbesondere schwangere Frauen sollten möglichst wenig am Computer arbeiten, denn viele Auswirkungen der Bildschirmarbeit konnten bis heute noch nicht untersucht werden.

Der Drucker gehört als wichtiges Ausgabeinstrument selbstverständlich zum Computerarbeitsplatz dazu. Derzeit sind die Farbtintenstrahldrucker die beliebtesten Geräte. Durch die lange Haltbarkeit, die geringen Materialkosten für Papier und Tinte und die gute Qualität des Ausdrucks finden Sie privat ebensoviel Anklang wie im Beruf. Allerdings bevorzugt man in Verwaltung und Wirtschaft, also überall dort, wo viel gedruckt wird, lieber die Laserdrucktechnik. Ein Laserdrucker hat eine höhere Druckqualität und arbeitet um ein Vielfaches schneller als etwa ein Tintenstrahldrucker, jedoch kostet eine Tonerkartusche für einen Laserdrucker 200 bis 400 DM. Für diesen fast zehnfachen Preis der Farbpatrone gegenüber dem Tintenstrahldrucker können Sie jedoch auch die zehnfache Menge an Druckseiten erstellen. Ein Standard-Laserdrucker ist bereits ab 600 DM zu bekommen. Die leistungsfähigeren sind natürlich etwas teurer. (Leider sind Farblaserdrucker noch sehr teuer, gegenwärtig liegt ihr Preis bei 15.000 bis 50.000 DM.)

Für Multimedia-Anwendungen benötigen sie nicht nur ein CD-ROM-Laufwerk, sondern auch eine Soundkarte und ein Lautsprecherpaar. Die Soundkarte ist nicht nur für Musik und Spiele geeignet. Inzwischen gibt es einige Tausend hilfreiche

Computerprogramme auch aus dem Bereich der Bildung, Vokabeltrainer mit vorgesprochenen Texten, Lexika mit Ton und Videoausschnitten und vieles andere mehr.

Ein Wort noch zum Service. Die oft gehörte Aussage, daß ein Händler um die Ecke, der sogenannte Fachhändler, Ihnen mehr Service bietet als ein Computer-Discount wie etwa Vobis — diese Behauptung stimmt leider nicht immer. Das wäre ja auch zu einfach. Persönlich habe ich meine ersten Computer meist selbst zusammengebaut. Heute arbeite ich mit einem Vobis-Computer und erlebe hier einen hervorragenden Service in der hiesigen Filiale. In den verschiedenen Schulungseinrichtungen, in denen ich referiert habe, wie auch in Pfarrämtern und bei anderen Computernutzern habe ich erlebt, daß sie oftmals von ihren Fachhändlern im Stich gelassen wurden. Im Schulungsbereich hat man mit Hunderten von Computeranwendern zu tun, und leider gibt es in dieser Branche kaum noch Service von seiten der Händler. Aufgrund der niedrigen Gewinnspanne gibt es heute keinerlei Service mehr gratis, sondern er wird als Dienstleistung verkauft. Dieser Dienst sollte beim Kauf vertraglich vereinbart werden. Es gibt Wartungsverträge mit 24 Stunden Ersatz vor Ort beim Discount ebenso wie im Fachhandel. Bitte lassen Sie sich nicht davon täuschen, daß ein Computer im Fachhandel 500 Mark mehr kostet als im Discount. Der hohe Preis kommt nicht von dem Mehr an Service, sondern von den schlechteren Einkaufsbedingungen. Natürlich kann ein Discount, der 10.000 Geräte täglich vertreibt, auch günstigere Preise machen als ein Betrieb, der nur wenige hundert Geräte im Jahr umsetzt. Zu den 500 und teilweise bis zu 1000 DM Preisvorteil im Discount kommt die günstige Softwareausstattung. Zeitweise bekommt man mit der Hardware Computerprogramme wie Textverarbeitung usw. im Gegenwert von mehreren hundert Mark kostenlos als Zugabe zum Kauf. Bitte prüfen Sie also vor Ort, wer Ihnen für Ihr Geld die optimale Leistung und Betreuung anbieten kann.

Der Aufbau einer PC-Anlage

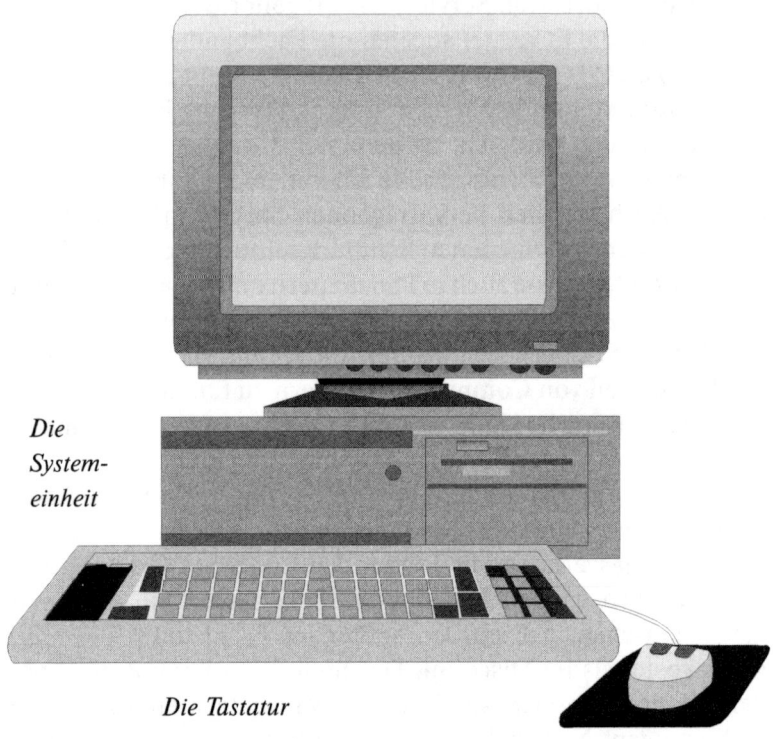

Der Bildschirm (Monitor)

Die Systemeinheit

Die Tastatur

Die Maus

Ein Computerarbeitsplatz besteht aus Hard- und Software. Unter der *Hardware* verstehen wir die physikalischen Geräte: Bildschirm, Computer (Zentraleinheit), Tastatur, Maus, Drucker usw. Unter *Software* verstehen wir die Computerprogramme: Betriebssystem, Textverarbeitung, Tabellenkalkulation, Datenbank und andere Anwendungsprogramme.

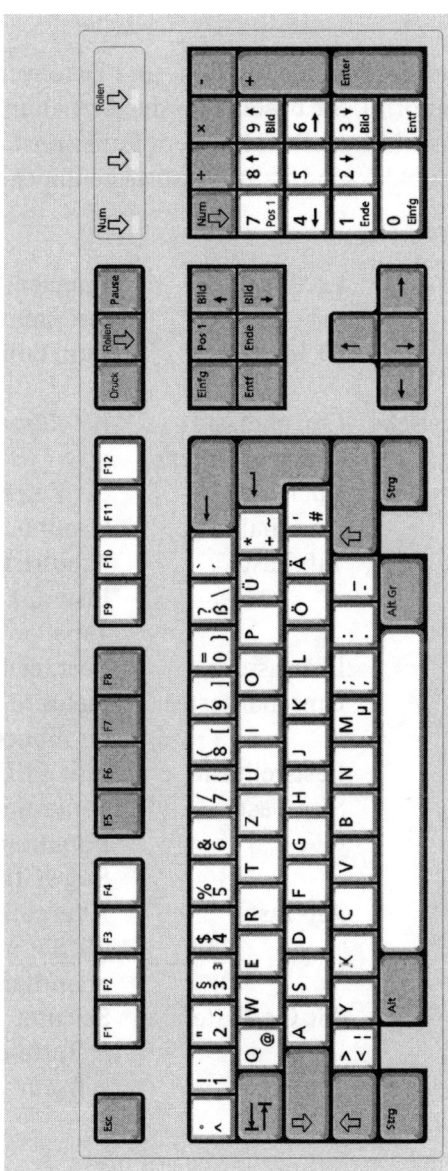

Die Deutsche Tastaturbelegung

Die Tastatur

Die deutsche Tastatur für Text- und Datenverarbeitung ist in DIN 2137 genormt. Sie besteht aus der Alphanumerischen Tastatur, der Numerischen Tastatur, dem Funktionstastenblock, dem Sondertastenblock und dem Cursortastenblock.

Funktionstasten-block	Esc-Taste	Eingabe löschen (programmabhängig)
	F1 bis F12	Funktionstasten
Alphanumerische Tastatur	Eingabetaste (Return, Enter)	Befehlsausführung
	Rücktaste	ein Zeichen löschen
	Umschalttaste	Großbuchstaben
	Tab-Taste	Tabuliertaste (für Listen, Einrückungen, Tabellen)
	Leertaste	Leerzeichen
	Umschalttaste/	mehrere Großbuchstaben
	Feststelltaste	(mit LED-Anzeige)
	Strg-Taste	Steuerung (besondere Funktionen, z. B. oft Strg+f für fette Schrift)
	Alt-Taste	Alternativfunktion (öffnet in einigen Programmen die Menüs)
	Alt Gr-Taste	Schaltet auf die 3. Tastenebene um, z. B. für „\"

Numerische Tastatur	Num-Taste	Einschalten des Ziffernblocks (LED-Anzeige)
	Enter	Funktion wie die Eingabetaste
Sondertastenblock	Druck	Bildschirminhalt ausdrucken (DOS)
	Rollen	Bildschirm rollen (nur noch in wenigen Programmen; LED-Anzeige)
	Pause	Unterbrechen (programmabhängig)
	Einfg	Einfügen
	Entf	Entfernen
	Pos1	Cursor an oberste Position
	Ende	Cursor an unterste Position
	Bild (o.)	Bildschirm nach oben blättern
	Bild (u.)	Bildschirm nach unten blättern
Cursortastenblock	Cursortasten	Cursorsteuerung

Windows 95-Sondertasten: Mit der Einführung von Windows 95 kamen drei zusätzliche Tasten als Option hinzu. Zwei dieser Tasten tragen das Windows-Symbol und öffnen das Startmenü. Die dritte Taste kann als Funktionstaste für Sonderbelegungen dienen.

Verschiedene Drucker

Zu einem Computerarbeitsplatz gehören verschiedene Ausgabegeräte. Dazu gehören der Bildschirm, Diskettenlaufwerke u. a. Das wichtigste Ausgabegerät ist aber der Drucker. Es gibt eine Vielzahl verschiedener Drucktechniken. Hier seien nur die wichtigsten Drucker für das Büro und für daheim erwähnt.

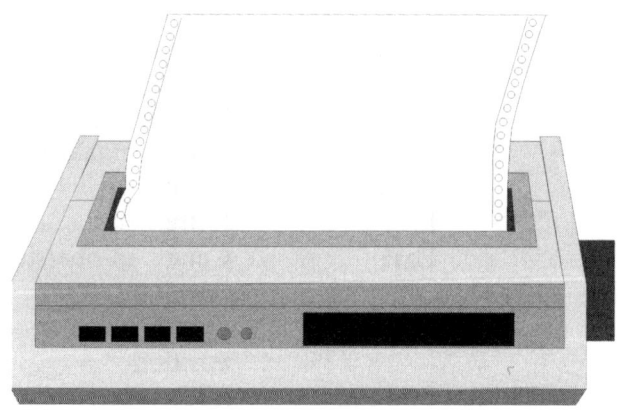

Der Nadeldrucker

Der früher einmal meistverbreitetste Drucker war der Nadeldrucker. Beim **Nadeldrucker** schlagen mehrere Metallnadeln auf ein Farbband und erzeugen über dieses die Schrift und Grafiken auf dem Papier. Es gibt Nadeldrucker mit neun Nadeln (die einfachste Qualität) und mit 24 Nadeln (Letter Quality). Andere Modelle kamen nur vereinzelt vor. Der wichtigste Vorteil eines Nadeldruckers liegt darin, daß Sie mit ihm auch Durchschläge erstellen können. Das kann überall dort von Vorteil sein, wo noch mit Formularen mit „Blaupause" gearbeitet wird. Außerdem arbeitet das Gerät preiswert. Nachteilig sind die niedrige Qualität, insbesondere beim Grafikdruck, die hohe Lärmbelästigung und das eher langsame Tempo beim Druck.

Heute sind die **Tintenstrahldrucker** die wichtigste Gruppe für Büro und privat geworden. Ein Tintenstrahldrucker kostet mit Preisen ab 400 DM nur wenig mehr als ein Nadeldrucker, der ebenfalls noch mit 300 DM und mehr ins Gewicht fällt. Der Tintenstrahldrucker arbeitet mit einer Tintenpatrone. Die Tinte

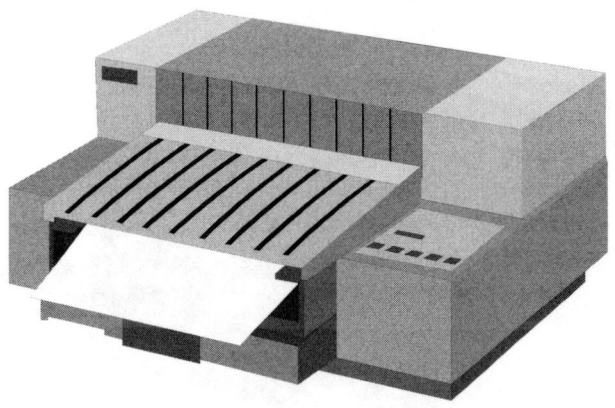

Der Tintenstrahldrucker

wird erhitzt und anschließend unter Erzeugung von Druck durch Düsen auf das Papier „gespritzt". Dieses Verfahren wurde auch als *Bubble Jet Verfahren* bekannt. Davon abweichend gibt es einige ähnliche Verfahrenstechniken. Ein Tintenstrahldrucker ist sehr leise und ebenfalls recht kostengünstig. Zudem ist ein Tintenstrahldrucker ausgesprochen umweltfreundlich. Die Patronen können zumeist nachgefüllt werden, und das Gerät selbst hat eine sehr lange Haltbarkeit. Farbtintenstrahldrucker liegen preislich zwischen 500 und 900 DM und erreichen bereits fast Fotoqualität.

Für Vielschreiber und höchste Ansprüche ist ein **Laserdruk-ker** zu empfehlen. Laserdrucker sind inzwischen sehr preiswert geworden. Einstiegsgeräte gibt es bereits für 600 bis 1000 DM. Für gute Geräte müssen Sie jedoch etwas tiefer in die Tasche greifen. Viele der Einstiegsgeräte schaffen bereits höchste Auflösungen mit 600 dpi (Punkte pro Inch). Im Vergleich mit einem Tintenstrahldrucker besticht jedoch trotz ähnlicher Auflösung noch immer der Laserdrucker. Während Tintenstrahldrucker

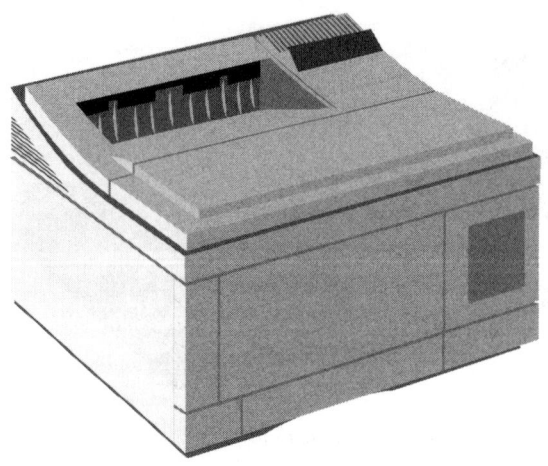

Der Laserdrucker

und Nadeldrucker zeilenweise drucken, was häufig auch am Druck zu erkennen bleibt, beschreibt der Laserdrucker den Papierbogen als ganze Seite. Es erscheint ein scharfes, reines Druckbild. Der Laserdrucker ist zudem um ein Vielfaches schneller als die übrigen Mitbewerber. Für Vielschreiber ist ein Laserdrucker oft billiger als eine andere Technik. Eine Tonerkartusche kostet rund 200 DM und reicht für mehrere tausend Ausdrucke.

Der Laserdrucker ist extrem leise. Nachteilig ist jedoch die Entwicklung von Ozon beim Druckvorgang. Ozon ist in höherer Konzentration gesundheitsschädlich. Grund für die Ozonentwicklung ist die Arbeitsweise beim Laserdruck. Die Technik basiert auf einem ähnlichen Prinzip wie die eines Fotokopiergerätes.

Das Kernstück des Laserdruckers ist die sogenannte Fotoleitertrommel. Sie ist auf der gesamten Oberfläche elektrostatisch positiv geladen und dreht sich gleichmäßig mit hoher Geschwindigkeit. Trifft nun das Licht des Laserstrahls auf die Oberfläche der Trommel, dann werden die getroffenen Punkte entladen. So entsteht das Bild, welches nur aus den entladenen Punkten besteht. Es wird in der internen Entwicklerstation sichtbar gemacht, wo ein feiner, elektrisch positiv geladener, schwarzer Staub (Toner) auf die Fotoleitertrommel aufgebracht wird. Da sich gleiche Ladungen abstoßen, bleibt der Toner nur auf den vom Laserstrahl belichteten Punkten haften. In der Umdruckstation wird das Druckbild von der Trommel auf das Papier übertragen und in der Fixierstation schließlich dokumentenecht festgelegt. Danach durchläuft die Trommeloberfläche eine Reinigungsprozedur, und der nächste Druckvorgang kann beginnen.

Trotz dieser aufwendigen Technik ist die Laserdrucktechnik das schnellste Druckverfahren. Moderne Geräte schaffen acht und mehr hochwertige Druckseiten in der Minute. Aufgrund der speziellen Seitendruckweise gibt es für Laserdrucker auch verschiedene zusätzliche Optionen. Viele Hersteller statten ihre Laserdrucker mit Postscript aus, einer speziellen Seitenbeschreibungssprache, die sich zum Standard im professionellen Druckgewerbe entwickelt hat. Postscriptdateien können auch von Fotobelichtern für die Herstellung von Offsetdruckvorlagen verarbeitet werden.

Ein kleiner MS-DOS Grundkurs

Platten, Verzeichnisse und Dateien

Platten / Laufwerke

Wenn hier allgemein von „Platte" die Rede ist, so kann damit sowohl eine Festplatte als auch eine Diskette gemeint sein.

Ein PC ist mit mindestens einem Diskettenlaufwerk ausgestattet. Es kann aber auch ein zweites Diskettenlaufwerk und/oder eine Festplatte eingebaut sein. Zusätzlich ist vielleicht noch eine Pseudo-Platte (RAM-Disk) im Arbeitsspeicher installiert; hierbei wird ein Teil des Arbeitsspeichers so eingerichtet, daß er sich wie ein Diskettenlaufwerk benutzen läßt.

Die Laufwerke werden mit Buchstaben bezeichnet bzw. angesprochen. Dabei gilt unter DOS die folgende Konvention: Das erste Diskettenlaufwerk erhält immer den Buchstaben A, das zweite Diskettenlaufwerk den Buchstaben B, die erste Festplatte heißt C, und alle weiteren Laufwerke werden mit D, E, F usw. bezeichnet.

Um ein Laufwerk anzusprechen, wird seine Laufwerkskennung gefolgt von einem Doppelpunkt eingegeben (z. B.: „A:"). Der Buchstabe des aktuellen Laufwerks (auch Arbeitslaufwerk genannt) wird im sog. Systemprompt (vom System auf dem Bildschirm angezeigte Zeichen, die bedeuten, daß man jetzt einen Befehl eingeben kann) angezeigt, etwa in der Form „A>" oder „C>".

Um nun das aktuelle Laufwerk zu wechseln, z. B. von A: nach C:, gibt man einfach
„C:" <RETURN> ein.

Die Festplatte

In der Regel ist die Festplatte – so wie der Name es sagt – fest im PC installiert (Ausnahmen sind hier sogenannte Wechselfestplatten oder externe Festplatten). Eine Festplatte besteht aus mehreren übereinander angeordneten Scheiben. Diese Scheiben („disks") sind mit einer Magnetschicht versehen. Zwischen diesen Scheiben befinden sich die sogenannten Schreib-/Leseköpfe (Magnetköpfe) zur Ein- und Ausgabe von Informationen auf bzw. von der Festplatte. Die Scheiben werden durch den Festplattenmotor ständig auf einer Drehzahl von 3600 Umdrehungen pro Minute in Bewegung gehalten. Durch diese Bewegung entsteht zwischen der Scheibe und den Magnetköpfen eine Luftschicht, so daß die Magnetköpfe die Scheiben nicht berühren. Eine moderne Festplatte speichert nicht selten mehr als eine Milliarde Zeichen („1 Gigabyte").

Abbildung zum prinzipiellen Aufbau einer Festplatte

Diskettenformate

Bei Diskettenformaten muß unterschieden werden zwischen den physikalischen Abmessungen der Diskette und den Datenmengen, die auf ihr zu speichern sind.

Disketten für DOS-Rechner haben meistens die Größen 5.25 oder 3.5 Zoll (Seitenlänge).

Bei den Beschreibungsdichten (Menge der auf der Diskette zu speichernden Daten, egal ob Programme, Texte ...) ist die Vielfalt schon etwas größer. Bei Disketten im 5.25"-Format herrschen die Beschreibungsdichten 360 KiloByte (doppelseitig, einfache Dichte) und 1.2 MegaByte (doppelseitig, hohe Dichte) vor, aber auch andere Formate sind zu finden (z. B. 112 KiloByte). Disketten im 3.5"-Format werden häufig mit 720 KiloByte oder 1.44 MegaByte beschrieben (2 KiloByte entsprechen ungefähr einer DIN-A4-Schreibmaschinenseite).

Platten formatieren

Eine Platte muß, egal ob fabrikneu oder mit einem anderen Betriebssystem schon benutzt, für die Verwendung unter DOS zuerst formatiert werden. Beim Formatiervorgang (mit dem Befehl FORMAT) werden auf der Platte Spuren und Sektoren (damit DOS weiß, wo es die Daten zu lagern hat) sowie ein Inhaltsverzeichnis der Platte (damit DOS die Daten auch wiederfindet) angelegt. Eine nicht formatierte Diskette kann von DOS nicht zum Arbeiten benutzt werden.

Aber Achtung: Formatieren zerstört alle Daten auf der Diskette/Festplatte!

Durch Verwendung des Parameters „/S" beim FORMAT-Befehl wird aus der zu formatierenden Diskette eine Systemdiskette, d. h., von dieser Diskette kann ein DOS-Rechner gestartet werden.

Dateien unter MS-DOS

Dateinamen

In einem Rechner werden Daten, seien dies nun Programme, Texte, Bilder oder ähnliches, in einer bestimmten Form verwaltet: Daten werden in Dateien (engl. files) organisiert. Dateien werden auf sog. Massenspeichern (Festplatten, Disketten, Magnetbändern ...) gespeichert. Jede Datei erhält einen Namen.

Ein Dateiname unter DOS hat die allgemeine Form

dateiname.erweiterung

Der Dateiname besteht aus einem bis acht Zeichen oder Ziffern und ist zur Kennzeichnung der Datei erforderlich. Die Erweiterung (Suffix, Extension) ist optional und kann aus einem bis drei Zeichen oder Ziffern bestehen. An der Namenserweiterung kann man einer Datei oft ansehen, wofür sie dient.

Der Punkt dient als Trennsymbol zwischen Dateiname und Erweiterung.

Folgende Zeichen dürfen nicht im Dateinamen oder in der Erweiterung vorkommen, da sie mit einer besonderen Bedeutung versehen sind:

" \ / [] . I < > + - ; ,

Gebräuchliche Erweiterungen sind z. B.

.COM	Ausführbares Programm (z. B. BACKUP.COM)
.EXE	Ausführbares Programm (z. B. DEFRAG.EXE)
.BAT	Stapeldatei (z. B. AUTOEXEC.BAT)
.SYS	Systemdatei (Gerätetreiber; z. B. CONFIG.SYS,)
.BAS	Quelltext eines BASIC-Programms
.PAS	Quelltext eines Pascal-Programms
.C	Quelltext eines C-Programms
.TXT	ASCII-Text-Datei
.BAK	Backup-Datei (Sicherheitskopie; oft von Textprogrammen erstellt)
.DOC	Word-Dokument
.XLS	Excel-Tabelle
.TMP	Temporäre Zwischendatei

Globale Dateinamenzeichen

Dateinamen können über globale Dateinamenzeichen (Jokerzeichen, Wildcards) angesprochen werden.

Es gibt zwei Jokerzeichen:

– das Fragezeichen „?" steht für genau ein beliebiges Zeichen (auch Leerzeichen);
– der Stern „*" steht für ein oder mehrere beliebige Zeichen (auch Leerzeichen).

Reservierte Dateinamen

DOS arbeitet auf der Basis von Dateien. Es sieht auch die Peripheriegeräte als Dateien an, so z. B. auch die Tastatur oder den

Bildschirm. Dafür sind spezielle Dateinamen (DOS-Einheiten-namen) reserviert, welche vom Benutzer nicht für eigene Dateien verwendet werden sollten:

Reservierter Name	Einheit
COM1:	Erster serieller Adapteranschluß
COM2: /COM3:	2. bis 3. serieller Adapteranschluß
LPT1: oder PRN:	Erster Paralleldrucker
LPT2: oder LPT3:	Zweiter/Dritter Paralleldrucker
CLOCK$	Echtzeit-Uhr

Der MS-DOS Editor

Zum Erfassen/Ändern von Texten bietet DOS einen sehr „spartanisch" ausgelegten Texteditor namens EDIT. Da die Arbeit mit diesem Editor sehr einfach ist, wird auf eine nähere Behandlung von EDIT im Rahmen dieses Buchs verzichtet.

Um Textdateien zu erfassen (wie es beispielsweise zur Erstellung von Stapeldateien notwendig ist), gibt es eine weitere Möglichkeit:

– Sie nutzen Ihr normales Textverarbeitungsprogramm. Mit diesem lassen sich die Dokumente auch in einem sogenannten ASCII-Code als einfache Texte speichern.

Verzeichnisse und Pfade

Bei einer größeren Anzahl Dateien auf einem Datenträger (dies gilt vor allem für Festplatten) verliert man schnell die Übersicht. Um Dateien sinnvoll zu ordnen, werden zusammengehö-

rige Dateien in einem eigenen Unterverzeichnis (subdirectory)
zusammengefaßt. Dateien und Verzeichnisse lassen sich hierar-
chisch, baumartig ordnen. Ausgehend von einem Wurzelverzeich-
nis (root-directory) können Unterverzeichnisse, in diesen wieder
Unter-Unterverzeichnisse angelegt werden usw. Ein Verzeichnis
kann somit Dateien und (Unter-) Verzeichnisse enthalten.

Beispiel für den Aufbau einer Verzeichnisstruktur (VER-
ZEICHNISSE sind durch ein vorangestelltes „\"-Zeichen gekennzeichnet):

HAUPTVERZEICHNIS (ROOT-DIRECTORY):

- COMMAND.COM
- AUTOEXEC.BAT
- CONFIG.SYS
- \DOS   ← Verzeichnisname
  - APPEND.EXE   ← in diesem Verzeichnis
  - ATTRIB.EXE   vorhandene Dateien
  - BACKUP.COM
  - CHKDSK.COM
- \PRIVAT
  - INHALT
  - REFERAT.TXT
- \BRIEFE
  - BRIEF1.TXT
  - BRIEF2.TXT
- \RECHNUNG
  - UNBEZ
- BANKROTT

Innerhalb eines Verzeichnisses hat jede Datei einen Namen.
Derselbe Dateiname darf jedoch auch in verschiedenen Verzeichnissen vorkommen – in jedem Verzeichnis genau einmal.

Um Dateien anzusprechen, die sich nicht im aktuellen Verzeichnis befinden, gibt es die sogenannten Pfade einer Datei. Der Pfad einer Datei setzt sich aus der Angabe des Laufwerks, der Verzeichnisse und des Namens zusammen, so daß durch den Pfad eine Datei eindeutig gekennzeichnet ist.

Datensicherung

Auf magnetischen Medien gespeicherte Daten sind anfällig gegen vielerlei Arten von Störungen. Um Datenverluste durch Störungen gering zu halten, sollte die Funktionstüchtigkeit der Hardware geprüft und von allen wichtigen Dateien Sicherheitskopien angelegt werden.

Da selbst beim Lesen und Schreiben auf ein und demselben Datenträger schon Fehler auftreten können, sollte durch VERIFY ON die generelle Leseüberprüfung eingestellt werden (verlangsamt jedoch die Arbeitsgeschwindigkeit des Rechners).

Sicherheitskopien

Einzelne Dateien – unabhängig davon, ob auf Festplatte oder Diskette – lassen sich mittels des COPY-Befehls duplizieren. Soll eine größere Anzahl von Dateien gesichert werden, ist zu unterscheiden, ob sich die Dateien auf einer Diskette oder Festplatte befinden.

Soll eine Diskette als Ganzes gesichert werden, so gibt es hierfür den Befehl DISKCOPY. Von der Diskette wird eine identische Kopie erzeugt. Bei Systemen mit zwei Diskettenlaufwerken ist dies besonders einfach, aber der DISKCOPY-Befehl läßt sich auch mit nur einem Laufwerk ausführen. Soll überprüft werden, ob die Inhalte zweier Disketten wirklich identisch sind, so muß der DISKCOMP-Befehl (Diskettenvergleich) angewendet werden.

Um von Festplatten Sicherheitskopien anzufertigen, gibt es einen speziellen, mit vielen Parametern versehenen Befehl namens BACKUP (funktioniert auch bei Disketten).

BACKUP sichert die Festplatte oder Teile derselben, die vom Benutzer festgelegt werden können, auf Disketten; zum Diskettenwechsel wird jeweils aufgefordert. Die Sicherungsdisketten müssen allerdings vorher formatiert worden sein. Daher empfiehlt es sich, immer eine genügende Anzahl formatierter Disketten bereit zu halten.

Der BACKUP-Befehl entspricht nicht dem COPY-Befehl, das Format der durch BACKUP gesicherten Dateien wird geändert (Zusatzinformationen über Datum der Sicherung etc. werden angebracht). Daher sind mit BACKUP erstellte Dateien nur durch den Befehl RESTORE wieder zurückladbar. RESTORE ist sozusagen die Umkehrung von BACKUP. Achten Sie jedoch bei Verwendung von RESTORE darauf, daß die DOS-Version mit der Sicherheitskopie (BACKUP) identisch ist.

Plattentest

Mit dem Befehl CHKDSK (check disk) stellt DOS eine einfache Hilfe zum Testen von Platten zur Verfügung. CHKDSK durchsucht die Inhaltsverzeichnisse und die FAT (file allocation table = Dateizuordnungstabelle) nach evtl. logischen Fehlern und bereinigt diese, wenn der Benutzer es wünscht. Darüber hinaus wird angezeigt wieviel Plattenplatz und Arbeitsspeicher verbraucht ist bzw. noch zur Verfügung steht. CHKDSK kann

durch Angabe des Parameters „/V" auch zur Anzeige sämtlicher
Dateien und Pfade benutzt werden.

Anstelle des Befehls CHKDSK können Sie ab DOS Version 6
auch wahlweise den Befehl SCANDISK einsetzen. Mit SCAN-
DISK bekommen Sie ein menügeführtes Hilfsprogramm, das Sie
auf einem Monitor über den Stand der Plattenkontrolle informiert.

Datei gelöscht?

Es kann schon mal passieren, daß eine (mehr oder weniger
wichtige) Datei versehentlich gelöscht wird. Was nun tun? DOS
selbst bietet keine Möglichkeit, eine gelöschte Datei wiederher-
zustellen, es werden jedoch eine ganze Reihe Hilfsprogramme
zum Kauf angeboten, die genau diese Lücke füllen. Die Funktionsweise solcher Programme ist folgende: Wenn (z. B. durch
DEL) eine Datei gelöscht wird, so ändert DOS lediglich den Eintrag dieser Datei im Inhaltsverzeichnis der Platte; das erste
Zeichen des Dateinamens wird so geändert, daß die Datei als gelöscht markiert ist. Der Inhalt der Datei bleibt erhalten, allerdings nur solange, bis die Stelle, an der die Datei auf der Platte
steht, wieder von neuen Dateien überschrieben wird. Um eine
gelöschte Datei wieder herzustellen, muß also nur das Inhaltsverzeichnis durchsucht und die als gelöscht markierte Datei
wieder als nicht-gelöscht bezeichnet werden. Allerdings darf auf
der Platte nach dem versehentlichen Löschen und vor der Rück-
gängigmachung der Löschung nicht geschrieben werden, da die
Gefahr besteht, daß der nun auf der Platte frei gewordene Bereich überschrieben wird. Nach dem Löschen also sofort „entlö-
schen" (undelete). In den meisten Fällen führt eine solche „Ent-
lösch-Aktion" zum Erfolg.

Systemkonfiguration

Der Systemstart

Wenn der Computer eingeschaltet wird, braucht er einige Zeit (Dauer ist geräteabhängig), bis er zur Benutzung zur Verfügung steht. Was passiert während dieser „Anlaufzeit"?

Zunächst einmal wird ein Hardware-Test durchgeführt: der Zentralprozessor (CPU) und der Arbeitsspeicher werden getestet. Dieser Test kann — je nach Gerät — einige Sekunden bis Minuten dauern. Sodann schaut das System nach, ob im Laufwerk A: eine Diskette eingelegt ist. Bei Systemen mit Festplatte wird diese überprüft. Sollte keine Festplatte eingebaut und in Laufwerk A: keine (System-) Diskette eingelegt sein, so fordert das System zum Einlegen einer Systemdiskette auf. Ist eine Diskette eingelegt bzw. eine Festplatte vorhanden, so werden die zwei unsichtbaren auf der Systemdiskette versteckten Dateien vom ersten Sektor der Platte gelesen. Diese wiederum laden — falls vorhanden — die Datei CONFIG.SYS und führen die darin enthaltenen Befehle aus. Jetzt erst wird auf den Befehlsinterpreter COMMAND.COM zugegriffen; er wird nun — falls vorhanden — geladen; falls nicht vorhanden, stoppt das System. COMMAND.COM wiederum bringt — falls vorhanden — die Datei AUTOEXEC.BAT zur Ausführung (sollten CONFIG.SYS bzw. AUTOEXEC.BAT nicht vorhanden sein, so ist dies nicht schlimm, es werden dann Standardeinstellungen vorgenommen). Das System meldet sich nun, nach evtl. Abarbeitung von AUTOEXEC.BAT, mit der Systemanfrage (Prompt).

Die Konfigurationsdatei CONFIG.SYS

Beim Start des Rechners sucht das im ROM (Read-Only-Memory) fest gespeicherte BIOS (Basic Input Output System) auf der Startdiskette nach einer Datei namens CONFIG.SYS. Wird diese gefunden, so werden die darin enthaltenen Befehle ausgeführt.

Es existieren (nicht in allen DOS-Versionen gleich) folgende Konfigurationsbefehle:

BREAK, BUFFERS, COUNTRY, DEVICE, FCBS, FILES, LASTDRIVE, SHELL, STACKS.

Die Datei CONFIG.SYS ist die sog. Konfigurationsdatei. Mit Hilfe der Konfigurationsbefehle wird das System konfiguriert, d. h. an spezielle Hardware/Peripheriegeräte oder andere Gegebenheiten angepaßt.

CONFIG.SYS kann, da es sich um eine normale Textdatei handelt, mit einem Texteditor angelegt und verändert werden.

Die Datei AUTOEXEC.BAT

Sollte im Hauptverzeichnis der Systemplatte die Datei AUTOEXEC.BAT vorhanden sein, wird bei Rechnerstart diese Stapeldatei, wie ihr Name schon vermuten läßt, automatisch abgearbeitet. Hier sollten Voreinstellungen zum Arbeiten, zum Aufrufen residenter Hilfsprogramme etc. vorgenommen werden.

AUTOEXEC.BAT kann, da es sich um eine normale Textdatei handelt, mit einem Texteditor angelegt und verändert werden.

Eine AUTOEXEC.BAT kann z.b. so aussehen:

ECHO OFF	schaltet die Bildschirmanzeige der nachfolgenden Befehle aus
REM Hallo	Kommentarzeile
KEYB GR	lädt den deutschen Tastaturtreiber
MOUSE	lädt den Gerätetreiber für die Maus
PROMPT PG	ändert die Eingabeaufforderung (Prompt) so um, daß immer das Arbeitsverzeichnis mit angezeigt wird
PATH C:DOS; ...	dieser Ordner wird gewissermaßen beim Start des Computers mit geöffnet
WIN	Startet als Abschluß der AUTOEXEC.BAT-Befehle das Programm MS-Windows

Microsoft-Windows

In den vergangenen vier Jahren hat sich die grafische Oberfläche Windows des Softwareherstellers Microsoft (USA) immer mehr bei den Anwendern durchgesetzt. Ursprünglich handelte es sich nur um einen Zusatz zu dem Microsoft Betriebssystem MS-DOS, doch mit den aktuellen Versionen Windows 95 und Windows NT (dem Betriebssystem für Netzwerke) ist Windows nun ein vollwertiges Betriebssystem, das selbst in der Lage ist, die Hardware zu verwalten. Das Besondere an Windows ist die spezielle Fenster-technik und die Befehlseingabe mit Hilfe der Maus. Windows hat den Computerbereich völlig revolutioniert. Nicht, daß es das erste Programm gewesen wäre mit einer grafischen Befehlsfläche, die gab es schon früher bei Macintosh Computern und ähnlich leistungsfähig auch bei Herstellern wie Atari oder Geo Works, die revolutionäre Veränderung des Anwenderverhaltens gelang Microsoft insbesondere durch das ausgeprägte Marketing. Die geschickte Marketingstrategie machte Bill Gates zu einem der reichsten Männer der Welt. Natürlich birgt eine solche Monopolstellung auch mögliche Gefahren in sich. Wer weiß, ob die „schöne neue Welt von morgen", die uns die HighTech bescheren will, auch unsere Wunschwelt sein wird. In Amerika diskutieren Techniker schon heute darüber, ob es sinnvoll wäre, Menschen einen Chip zu implantieren, der es möglich macht, über Funksignal jederzeit geortet zu werden. Der Nutzen soll z. B. darin liegen, verlorene Kinder oder entflohene Häftlinge wiederzufinden. Wer fühlt sich nicht angesichts der Tatsache, daß wir Menschen zunehmend in ein gigantisches Computernetzwerk integriert werden, an die biblische Offenbarung und Endzeitprophetie erinnert. Als Christen sollten wir uns hier nicht verstecken, sondern die möglichen Gefahren erkennen und unsere ethische Verantwortung wahrnehmen. Der Computer ist hilfreich, wenn man ihn richtig einsetzt. Aber er ist kein Mittel für die Lösung der Probleme unserer Menschheit, er allein wird

auch nicht die benötigten Millionen von Arbeitsplätze schaffen
können. Wir wollen die Computertechnik einsetzen, wo immer
sie hilfreich ist, aber auch helfen, Grenzen gegen den Mißbrauch
aufzubauen. Dazu gehört auch, daß beispielsweise der Datenschutz ernstgenommen und etwaiger Mißbrauch aufgedeckt und
verhindert wird. Besonders unseren Kindern sollten wir den
rechten Gebrauch mit diesem neuen Medium vermitteln und sie
nicht in einer Umgebung von Computerspielen voller Magie,
Rassismus und Gewalt allein lassen. Vielleicht fragen Sie sich als
Leser, was hat all dies noch mit MS-Windows zu tun? Oberfläch-
lich betrachtet scheinbar nichts. Allerdings bekommt sicher
jeder, der mit den Entwicklungen in der High-Tech-Branche vertraut ist, ähnliche Gedanken zu den Gefahren des Mißbrauchs
bei einem so gewaltigen Konzern, der wie Microsoft fast 140 Millionen Anwender und damit auch große Teile der Verwaltung von
Wirtschaft und Gesellschaft in der westlichen Welt beeinflußt.
Auch die Träume eines Bill Gates, der sich den Computer in fast
allen Bereichen unseres Lebens wünscht, natürlich mit einem
Betriebssystem von Microsoft, lassen uns kritisch aufhorchen.

Die Bedienung von MS-Windows

MS-Windows ist aufgrund der innovativen Bedienerober-
fläche leicht zu erlernen. Fast alle Befehle können mit einem
Mausklick ausgeführt werden. Es gibt Symbolleisten, welche
die notwendigen Steuerelemente aufzeigen. Anstatt wie früher
den Befehl: „print brief.txt" anzuwenden, genügt es heute, auf
ein Bild mit einer Druckerdarstellung zu klicken. Die verschiedenen Programme werden als sogenannte Icons (Bildsymbole) auf
dem Bildschirm dargestellt. Windows ermöglicht es sogar, mehrere Programme gleichzeitig zu bearbeiten. Hierauf möchte ich
später noch gesondert eingehen.

Der Windows-Arbeitsbildschirm

Gegenwärtig arbeiten die meisten Windows-Anwender noch mit der Version 3.1. Darum möchte ich in diesem Zusammenhang auch darauf eingehen. Allerdings ist zu erwarten, daß sich im Laufe des Jahres 1997/98 dies deutlich verschieben, d. h. die Mehrheit mit Windows 95 arbeiten wird. Windows 3.1 wird heute bereits nicht mehr (oder nur noch recht selten) beim Rechnerneukauf mit ausgeliefert. Außerdem wird auch in den vernetzten Büros künftig großteils mit Windows NT gearbeitet werden, das ebenfalls die Oberfläche von Windows 95 trägt und über besondere Netzwerkfeatures verfügt.

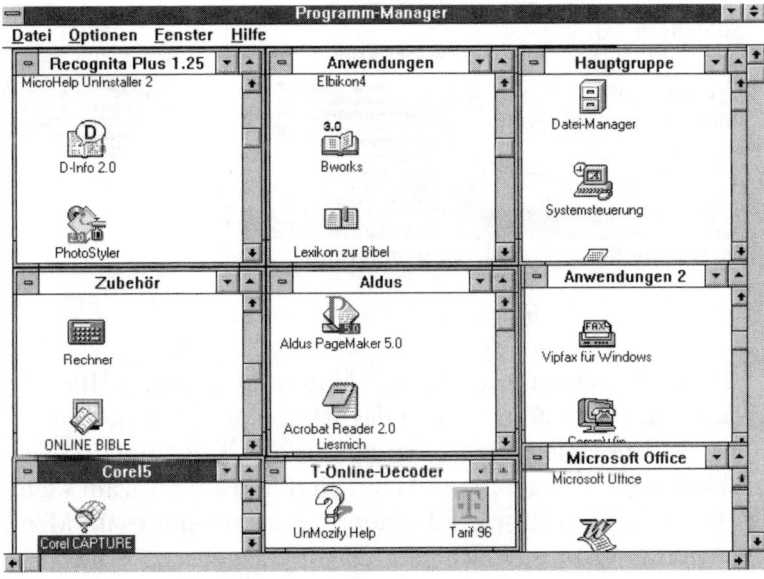

Der Arbeitsbildschirm unter Windows 3.1

Windows unterstützt neben der Maussteuerung über die
Icons und Symbolleisten auch eine spezielle Menütechnik. Diese
Standardprogrammsteuerung wird heute bei den meisten Anwendungsprogrammen eingesetzt. Dadurch hat der Windows-
Anwender den Vorteil, daß auch neue Programme oft ähnlich
gesteuert werden können. Der Nutzer muß also nicht mehr so
viel umlernen und kann mit seinen neuen Programmen schnell
und effektiv zu arbeiten beginnen.

Bedienung über die Menüleiste

In das Menü gelangen Sie per Mausklick oder mit Hilfe der
„Alt"-Taste. Um beispielsweise das „Datei-Menü" zu öffnen, genügt es, wenn Sie gleichzeitig die Tasten „ALT" und „D" gedrückt halten. Das geöffnete Menü birgt nun eine Anzahl weiterer Befehle. Ähnlich wie auf einer Speisekarte gibt es im Menü
„Vorspeise" ganz unterschiedliche Unterangebote. Wollen Sie
nun den Befehl „Drucken" aus dem Dateimenü anwenden, gelingt dies mit einem weiteren Mausklick auf das Wort „Drucken"
oder mit der Eingabe des Buchstabens „D". Weil das Menü

„Datei" bereits geöffnet ist, reicht es, nur das „D" einzugeben und das Drücken der „Alt"-Taste entfällt. Wie Sie sehen, gibt es also mehrere Wege, um einen Windows Befehl auszuführen. Entweder Sie klicken auf das Bild mit dem „Drucker" in der Symbolleiste, oder Sie gehen in das Menü „Datei", „Drucken". Außerdem haben Sie gelernt, daß es zwei Möglichkeiten gibt, das Menü zu öffnen, nämlich mit der Maus auf das Wort „Datei" zu klicken oder „ALT" und „D" gleichzeitig zu drücken. „D" steht für das Wort „Datei", und um es uns leicht zu machen, ist der entsprechende Befehlsbuchstabe im Wort unterstrichen dargestellt.

Gerade diese Vielfältigkeit macht die Windows-Steuerung so einfach. Der geübte Anwender kommt in unterschiedlichen Einsatzsituationen so mit der Nutzungsmöglichkeit unter-schiedlicher Wege schnell zum Ziel. Es gibt übrigens auch eine dritte Möglichkeit, um den Druck-Befehl auszuführen. In dem Menü-Fenster ist Ihnen sicherlich aufgefallen, daß hinter einigen Befehlen ein Kürzel wie etwa „Strg + D" geschrieben steht. Dies bedeutet, wenn Sie den Befehl „Drucken" einsetzen möchten, hinter dem das Kürzel stand, können Sie direkt aus der Anwendung heraus mit gleichzeitiger Betätigung der Tasten „Strg" und „D" drucken. Mit diesen drei Bedienungsvariationen sind Sie in der Lage, schnellstmöglich Ihre Aufgaben zu bewältigen.

Der Dateimanager in Windows

Eins der wichtigsten Windows-Instrumente ist der Dateimanager. Mit diesem Werkzeug können Sie optimal Ihre Dateien und Verzeichnisse verwalten. Es ist Montag morgen, Sie kommen nach dem Wochenende zurück ins Büro und finden Ihre Datei vom vergangenen Freitag nicht wieder. Dieses ist eins der häufigeren Probleme der Computeranwender. Hier bietet Ihnen der Dateimanager nicht nur eine strukturierte Übersicht über

Ihre Festplattendaten, sondern auch eine Hilfsfunktion, um Dateien auf der gesamten Festplatte suchen zu lassen. Bei den modernen Festplatten, mit 1 Gigabyte Datenkapazität und mehr, befinden sich oft einige Tausend Dateien auf dem Rechner. Es kommt bei derartigen Datenmengen selbst unter Fachleuten gelegentlich vor, daß diese Ihre Dateien verlieren. Unter dem Menü „Datei" des Windows-Dateimanagers befindet sich der Befehl „Suchen". Nach Aufruf dieses Befehls können Sie den Namen der gesuchten Datei eingeben und sich entscheiden, ob Sie auf der gesamten Festplatte oder nur in einem bestimmten Verzeichnis suchen möchten.

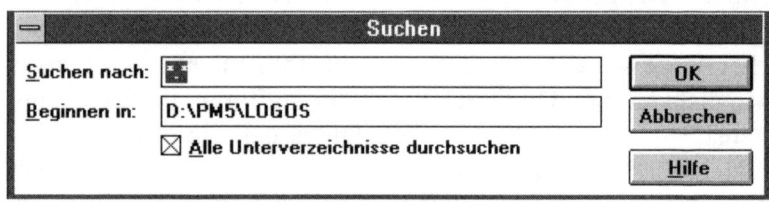

Der Befehl „Suchen" aus dem Dateimanager

Als Ergebnis Ihrer Suche erhalten Sie eine Liste mit der gefundenen Datei, bzw. mit mehreren Dateien, auf die Ihr Suchkriterium zutrifft. Letzteres ist von Bedeutung, wenn Sie bei der Suchabfrage mit Variablen arbeiten. Zum Beispiel: „*.doc" listet Ihnen alle Worddateien, die sich auf der Festplatte befinden, untereinander auf. Per Mausklick auf eine gewünschte Datei wird diese sofort gestartet. Diese spezielle Technik von Windows nennt man „Objekt Linking and Embadding" (OLE). Windows erkennt bei diesem speziellen Datenformat, aus welchem Programm die Datei erstellt wurde. Sobald Sie die Datei mit dem Mausdoppelklick aktivieren, ruft Windows das Programm automatisch mit der Datei auf. Diese OLE Technik wird heute von den meisten Anwendungsprogrammen unterstützt. Mit OLE können Sie beispielsweise auch eine Excel-Tabelle in Word einbinden. Dies erlaubt Ihnen zum einen, daß per Mausklick direkt aus Word Excel mit dieser Tabelle gestartet werden kann, zum anderen bewirkt die OLE-Verknüpfung, daß alle Veränderungen an der Originaltabelle automatisch auch in Word geschehen, ohne zusätzliche Arbeit für Sie erforderlich zu machen.

Mit dem Windows-Dateimanager können Sie außerdem Disketten formatieren, Disketten sowie Verzeichnisse und Dateien kopieren. Wer sich noch erinnert, wie umständlich es in den 80er Jahren war, als jede neu gekaufte Diskette erst einmal formatiert werden mußte – der weiß die Bequemlichkeit des Formatierungsbefehls im Dateimanager besser zu schätzen. Heute sind die meisten Disketten bereits vom Hersteller formatiert worden. Man kauft sie als sogenannte „preformated disks". Der Preis ist der gleiche, und es entfällt die zeitaufwendige Formatierung. Sehr angenehm ist es, mit dem Dateimanager Verzeichnisse anzulegen und Dateien zu kopieren. Dabei erleichtert Ihnen die visuelle Darstellung im Dateimanager die Arbeit. Um eine Datei zu kopieren, klicken Sie sie mit der Maus an und ziehen sie anschließend in den neuen Ordner. Sofort kopiert Windows sie an die gewünschte Stelle. Wenn Sie beim Auswählen mit der Maus die „Shift-" oder „Umschalt"-Taste gedrückt halten, können Sie auch mehrere Dateien hintereinander anklicken (markieren) und gemeinsam kopieren.

Ebenso leicht können ausgewählte Dateien gelöscht oder auf einer Diskette gesichert werden. Weitere Optionen sind das Umbenennen von Dateien und Verzeichnissen sowie die Veränderung von Dateiattributen. Attribute (Eigenschaften) einer Datei sind beispielsweise der Zusatz „schreibgeschützt", „versteckt", oder „Systemdatei". Mit Hilfe dieser Attribute können Sie sich beispielsweise in vielen Fällen vor dem versehentlichen Löschen einer Datei schützen. Allerdings gibt es leider auch Programme,

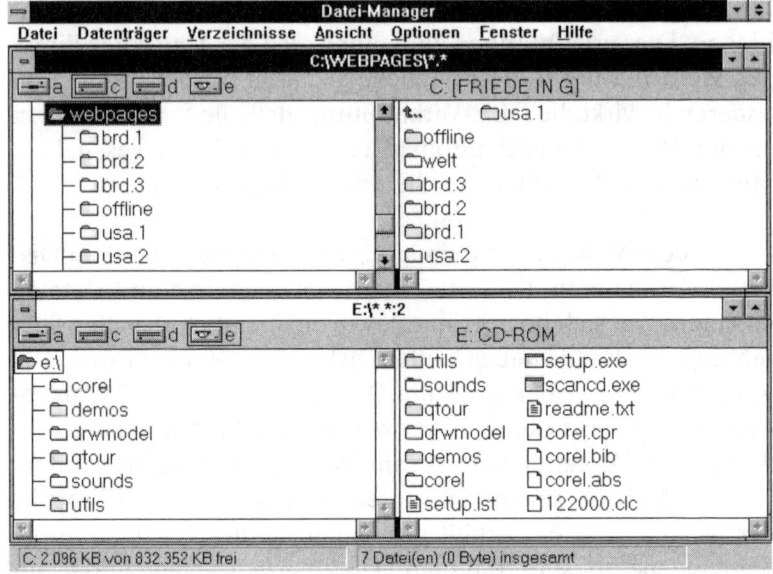

Hierarchische Dateistruktur im Dateimanager

die diesen Schutz-Mechanismus ignorieren. In den meisten Fällen bewirkt der Zusatz „Schreibschutz" beispielsweise, daß vor dem Löschen ein Hinweis erscheint, daß diese Datei eigentlich nicht gelöscht werden soll.

Im Dateimanager von Windows sehen Sie deutlich die hierarchische Struktur der Daten. Auf Wunsch können Sie sich zu den Verzeichnissen auch die Unterverzeichnisse mitanzeigen lassen. Der Dateimanager erlaubt es, die einzelnen Ebenen dieser Hierarchie ein- und auszublenden.

Sehr bequem lassen sich mit dem Windows-Dateimanager auch ganze Disketten vervielfältigen. Sie bekommen dabei den zeitlichen Fortschritt dieses Vorgangs visuell angezeigt. Insgesamt ist der Dateimanager ein unabkömmliches Werkzeug für den Computeranwender. Unter Windows 95 hat der Dateimanager übrigens einen neuen Namen bekommen, er heißt jetzt „Explorer", ist aber in seinen Funktionen und seiner Bedienung dem alten Dateimanager von Windows 3.1 ähnlich.

Multitasking mit Windows

Der große Erfolg von Windows hat unter anderem auch mit der Multitaskingfähigkeit dieser Arbeitsplattform zu tun. Einen „task" können Sie sich als einen Arbeitsvorgang vorstellen. „Multi" steht für „viele", „Multitaskingfähigkeit" bedeutet also die Möglichkeit, mit Windows mehrere Tätigkeiten gleichzeitig durchzuführen. Sie können parallel mit einer Textverarbeitung arbeiten, während Ihr Drucker etwa im Hintergrund ein Buchskript mit rund 260 Seiten ausdruckt. Zusätzlich könnte der Computer einige Dateien über die Telefonleitung transportieren. Alles zur gleichen Zeit, wenn man der Werbung glauben würde.

Leider jedoch ist die Hardware oft nicht ausreichend, um gleich mehrere der inzwischen sehr anspruchsvoll gewordenen Programme nebeneinander auszuführen. Obwohl dies grundsätzlich kein Problem für das Betriebssystem bietet, bewirkt die Aufteilung der Ressourcen natürlich eine Verlangsamung des gesamten Systems. Daher kommt es im Alltag nur recht selten dazu, daß Sie sinnvoll mit mehreren Programmen parallel arbeiten werden. Es ist durchaus effektiver, erst eine Arbeit zu beenden, bevor man die nächste anfängt. Die Multitaskingfähigkeit von Windows ist aber zum Beispiel sinnvoll einzusetzen, wenn Sie Dateien aus verschiedenen Programmen vergleichen oder zusammenführen möchten. So arbeite ich häufig mit Nachschlagewerken wie Bibel, Bibelatlas, Lexikon zur Bibel usw. parallel mit einer Textverarbeitung, um eine Predigt vorzubereiten. Wenn es um Veröffentlichungen wie Gemeindebrief oder Zeitschriften geht, ist es hilfreich, wenn Grafikprogramm und Layoutsoftware parallel eingesetzt werden können. Es würde zuviel Zeit verlorengehen, wenn bei der Bearbeitung eines Zeitungslayouts eine Grafik verändert werden soll und dazu die umfangreiche Layoutdatei vollständig geschlossen und später neu geöffnet werden müßte.

In verschiedenen Schulungen habe ich mich oft über die Multitaskingfähigkeit von Windows ärgern müssen. Nur allzu häufig haben die Teilnehmer nach Einweisung in diese spezielle Windowstechnik selbige mißbraucht, um heimlich Spiele wie Solitär usw. zu nutzen, und wenn ich als Referent vorbeiging, konnte ich mich nur wundern, wie es möglich ist, so angeregt auf den Computer zu hämmern und auf dem Bildschirm nur eine leere Textverarbeitungsseite zu haben.

Wie nutze ich Multitasking?

In Windows 3.1 können Sie, beispielsweise wenn ein Programm geöffnet ist, durch die gleichzeitige Betätigung der Tasten „Alt" + „Tabulator" zurück zum Programmanager wechseln. Dort bietet es sich an, per Mausklick ein zusätzliches Programm aufzurufen. Mit „Alt" + „Tabulator" läßt es sich zwischen den geöffneten Programmen umschalten. Während die „Alt"-Taste gedrückt ist, können Sie mit der „Tabulator"-Taste zwischen zwei und mehr Programmen wechseln. Benötigen Sie eine komplette Übersicht aller geöffneten Programme, so finden Sie mit „Strg" + „Esc" eine Liste, die alle aktiven Anwendungen aufreiht. Diese sogenannte Taskliste läßt sich auch über das Systemmenüfeld, einen Button in der linken oberen Bildschirmecke, aufrufen. Sie finden es dort unter dem Befehl „Wechseln zu".

Für den Benutzer wirkt das Multitasking bereits bei Windows 3.1 oft so, als würden die Tätigkeiten parallel ausgeführt. Technisch jedoch geschieht das intern im Prozessor eher in den Pausen der Prozessoranforderung eines anderen Programms. Während Programm A pausiert, kann Programm B verarbeitet werden. Denkbar ist folgendes Beispiel: Sie tippen einen Text, während Ihrer Anschlagpausen kann ein Druckauftrag im Hintergrund abgearbeitet werden. Für den Anwender wirkt es, als würden die beiden Vorgänge zeitgleich durchgeführt werden.

Windows 95 bietet jedoch echte Prozessorteilung, ein echtes gleichzeitiges Abarbeiten von Programmen im Prozessor. Die beiden oben genannten Bedienungsmöglichkeiten („Alt" + „Tab" sowie „Strg" + „Esc") stehen Ihnen auch unter Windows 95 zur Verfügung. Zusätzlich können Sie die Taskleiste aber auch immer eingeblendet an den unteren Bildschirmrand legen. Per Mausklick können dann die in der Taskleiste angezeigten aktiven Programme geöffnet werden.

Die Zwischenablage

In Windows können Daten aus verschiedenen Programmen hervorragend mittels der Zwischenablage ausgetauscht werden. Sie markieren einen Textabschnitt im Bibelprogramm, kopieren ihn über das Menü „Bearbeiten", „Kopieren" in die Zwischenablage und wechseln dann in Ihre Textverarbeitung, um dort mit dem Menü „Bearbeiten" „Einfügen" diesen Textabschnitt in Ihr Dokument einzubinden. Anstelle der Menübefehle können Sie in vielen Programmen auch entsprechende Symbole in der Symbolleiste nutzen. Für „Ausschneiden" findet man dort meist das Symbol einer Schere, für „Einfügen" ein Schreibbrett (Klemmbrett für Studenten, Clipboard) und für „Kopieren" beispielsweise eine Abbildung mehrerer identischer Papierseiten hintereinander.

Auf diese Weise lassen sich mit Windows Grafiken, Texte, Tabellen und andere Elemente zwischen Programmen austauschen. Wenn Sie einen Textabschnitt nicht kopieren möchten, sondern von einem Dokumentenabschnitt an einen anderen umbewegen möchten, dann wählen Sie „Ausschneiden" und „Einfügen". Bei dem Befehl „Ausschneiden" verschwindet der vorher markierte Textabschnitt an seiner ursprünglichen Position. Mit „Einfügen" wird er an der neuen Position eingebunden. So können Sie beispielsweise ganze Absätze in einem Dokument umbewegen.

Bei Windows 95 wird die Zwischenablage nur umbenannt, sie heißt jetzt „Papierkorb". Der Unterschied besteht unter anderem darin, daß Sie nun auch mehrere Elemente zur gleichen Zeit in der Zwischenablage behalten können. Bei Windows 3.1 wurde bei jedem neuen Inhalt für die Zwischenablage der alte Inhalt gelöscht. Außerdem können Sie in Windows 95 Objekte durch einfaches Verschieben mit der gedrückten Maus bereits in den Papierkorb (Zwischenablage) bewegen. Die Daten lassen sich wieder zurückführen, bis der Strom ausgeschaltet wird, dann erst ist der Inhalt der Zwischenablage gelöscht.

Windows 95

Das neue Betriebssystem von Microsoft, Windows 95, kommt inzwischen völlig ohne die gewohnte MS-DOS-Plattform aus. Es ist ein sogenanntes 32-bit-Betriebssystem, das speziell für die neuen Computergenerationen konzipiert wurde. Mit Hilfe der 32-bit-Codierung sollen künftig die Programme schneller arbeiten können, was derzeit allerdings noch kaum der Fall ist.

Windows 95 ist jedoch erstmals ein eigenständiges Betriebssystem und nicht länger nur ein grafischer Zusatz zu MS-DOS.
Für die bisherigen MS-DOS-Programme wurde jedoch ein Be-
fehlsfenster integriert, so daß diese Anwendungen auch unter
Windows 95 weiter genutzt werden können. Außer den vielen
neuen Multi-Media Einbindungen hat sich bei Windows 95 auch
in der Bedienung einiges geändert. So wurde auf den gewohnten Programm-Manager aus Windows 3.1 verzichtet. Die Programme können nun über den Dateimanager (der bei Windows
95 „Explorer" heißt) oder über das sogenannte Startfenster aufgerufen werden. Das Startfenster wird über ein Bildsymbol am
unteren linken Bildschirmrand oder über die zwei neuen „Start"-
Tasten auf der speziellen Windows 95-Tastatur geöffnet.

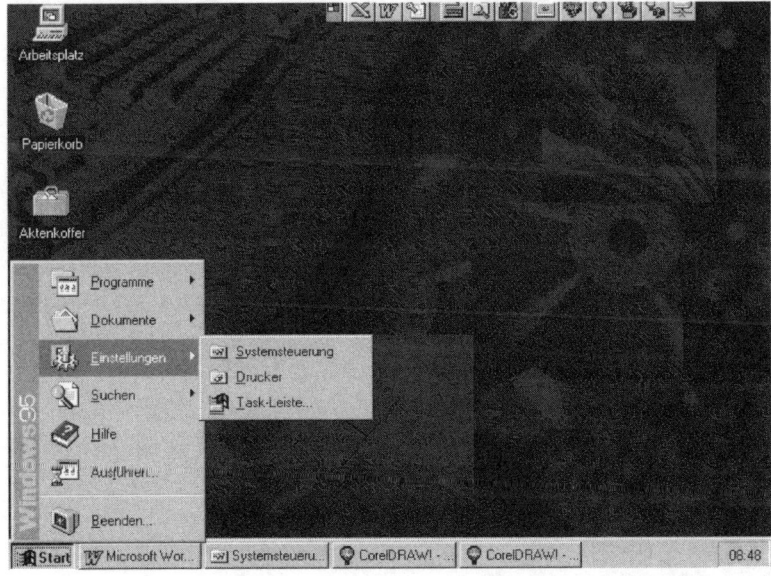

Im Startfenster können die wichtigsten Funktionen wie
Systemsteuerung, Dateimanager (Explorer), Einstellungen zur

Systemkonfiguration oder die eigenen Arbeitsprogramme aufgerufen werden. Etwas gewöhnungsbedürftig ist dabei die Steuerung der Fenster. Während Sie auf einen Befehl zeigen, öffnet
sich ein neues Fenster. Um dorthinein zu gelangen, müssen Sie
auf der gleichen Höhe bleibend die Maus nach rechts bewegen.
Sollten Sie versehentlich daneben zeigen, muß der Vorgang wiederholt werden.

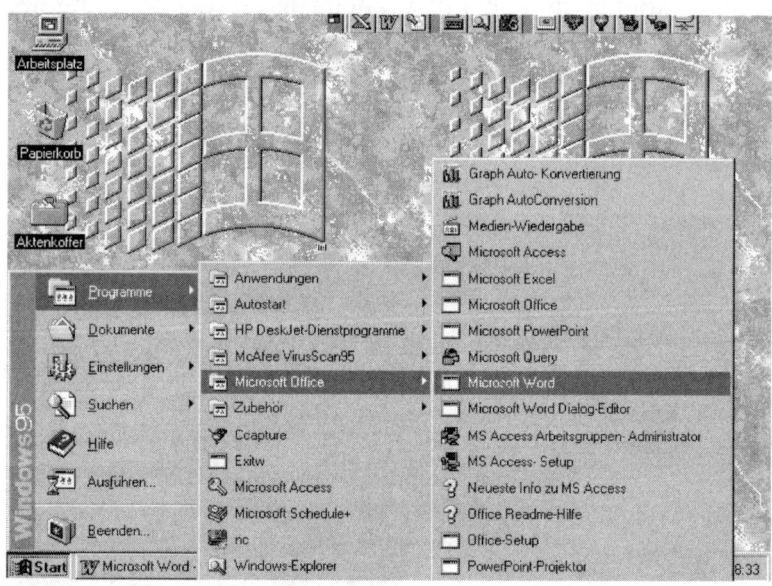

Office Programme

Inzwischen bieten eine Vielzahl Softwarehersteller komplette Lösungen für den sogenannten Office-Bereich an. Der Begriff „Office" kommt aus der englischen Sprache und bedeutet etwa soviel wie „Büro". Unter Office-Programmen verstehen wir also Computerprogramme für die Standardanwendungsgebiete im Büroalltag. Das sind vorwiegend die Textverarbeitung, die Tabellenkalkulation und die Datenbankanwendung.

Textverarbeitung

Ein modernes Textverarbeitungsprogramm ist weit mehr als nur eine elektrische Schreibmaschine. Allerdings ist die Schreibmaschine sicherlich ein Wegbereiter gewesen. Heute benötigen Sie jedoch zusätzlich zu dem Computer mit seinem Bildschirm, auf dem Sie Ihren Text erfassen, einen extra Drucker für die Ausgabe auf Papier. Natürlich ist ein moderner Drucker bedeutend vielseitiger als die gute alte Schreibmaschine. Sie können von demselben Text beliebig viele Abzüge ausdrucken, und Sie haben mehr als tausend verschiedene Variationen, durch Schriften, Größen und Attribute Ihren Text zu verschönern. In der Qualität des Ausdrucks kommt einem modernen Textsystem nichts gleich.

Auf dem Computer haben Sie eine komplette Rechtschreibkorrektur. Das bedeutet, die Maschine liest Ihnen in Sekunden Ihren Text vergleichend mit dem Wörterbuch. Programme wie Word haben Rechtschreibwörterbücher mit 130.000 Begriffen und mehr. Außerdem sind diese Wörterbücher mit einem eigenen Sprachschatz ergänzbar. Selbst der berühmte deutsche Rechtschreibduden hat in seiner Standardausführung nicht mehr Stichworte. Nachteilig ist nur, daß der Computer Ihnen auch mitteilt, wenn Eigennamen und andere spezielle Wörter sich nicht im Wörterbuch finden lassen. Dies kann sich bei der Arbeit oft störend auswirken. Insofern sollte die Rechtschreibfunktion nur sparsam eingesetzt werden.

Heute gibt es Ansätze für künftige automatische Korrekturprogramme, die Ihnen bereits beim Eintippen die Fehler korrigieren. Word 7 zeigt Ihnen durch eine farbliche Unterstreichung schon beim Tippen, ob der eingegebene Begriff im Wörterbuch vorkommt und seine Schreibweise mit diesem Eintrag übereinstimmt. Andere Programme wie „Ways für Windows", das bereits seit Jahren beim Kauf von Vobis-Computern mitgeliefert wurde, können Ihre Fehler schon jetzt direkt bei der Eingabe korrigieren. Vermutlich wird es künftig auch bei anderen Herstellern ähnliche Möglichkeiten geben. Gegenwärtig gibt es hier noch keine empfehlenswerte Lösung.

Eine Textverarbeitung erlaubt Ihnen, Ihre Texte zu speichern und bei Bedarf wieder zu verwenden, ohne diese neu eingeben zu müssen. Mit Leichtigkeit können Sie Schriften und Absätze verändern. Und schließlich ein besonders beliebtes Feature: das Kopieren und Verschieben von markierten Textabschnitten. Hierdurch wird der Schreibende zu einem wahrlich kreativ arbeitenden Menschen. Es entfällt der mit Bergen von Papier gefüllte Papierkorb beim Entwerfen neuer Texte. Sie können Löschen oder Verändern, ohne die Umwelt mit zerknülltem Papier zu belasten, und zwar alles auf dem Bildschirm.

Die gängigen Textverarbeitungsprogramme sind heute recht ähnlich in ihren Funktionen, dem Programmaufbau und in ihrer Bedienung. Word für Windows, Ami Pro, Word Pro, Word Perfekt, Star Writer usw. bieten insgesamt gute Leistungen.

Der Serienbrief

Eine der wichtigsten Aufgaben der Textverarbeitung ist die Serienbrieffunktion. Immer wieder sind Sie in der Situation, eine Gruppe von Adressaten mit einem im wesentlichen identischen Brief anzuschreiben. Die Erfahrung lehrt, daß Menschen eher bereit sind, ein Schreiben zu lesen, wenn sie persönlich angesprochen werden: „Sehr geehrte Frau Meier ..." ist besser als „Sehr geehrte Damen und Herren ...". Wer kennt nicht die anscheinend persönlich verfaßten Anschreiben, die man regelmäßig von Yves Rocher, verschiedenen Buchclubs oder professionellen Werbefirmen bekommt. „Liebe Frau Gabriele Müller" ... Es soll gerade durch die Einflechtung einer persönlichen Anrede eine freundliche Atmosphäre aufgebaut werden.

Mit dem Computer ist es einfach und unkompliziert, ein ansprechendes persönliches Schreiben an Hunderte verschiedener Empfänger zu versenden. Programme wie z. B. Word für Windows, Word Perfekt und Star Writer, machen Ihnen diese Arbeit sehr leicht. Es ist kaum schwerer als ein Standardanschreiben zu tippen. Probieren Sie einmal, zur nächsten Gemeindestunde nicht mit einem fotokopierten Schreiben „Liebe Brüder und Schwestern", sondern mit einem persönlich gestalteten Brief einzuladen. Der Aufbau des Serienbriefs ist ganz einfach: Ein Musterbrief enthält an bestimmten Stellen Platzhalter für „Name", „Adresse" usw. In einem zweiten Dokument haben Sie die Adressen aufgelistet. Im eigentlichen Seriendruck werden dann beide Dateien miteinander verbunden und ausgedruckt. An die Stellen der Platzhalter fügt das Programm die Inhalte aus Ihrer Adressenliste ein.

Einige Programme, wie z. B. Word, bieten ihren Anwendern integrierte Assistenten mit an, die das Anfertigen von Serienbriefen kinderleicht gemacht haben. Wenn Ihr Musterbrief (Haupt-

dokument) geschrieben wurde und Ihre Adressliste (Datenbank/
Datenquelle) fertig ist, dann brauchen Sie nur noch unter dem
Menü „Extras" die Funktion „Seriendruck" aufrufen. Sie können
anschließend entscheiden, ob Sie z. B. Etiketten erstellen möchten oder Serienbriefe. Etiketten werden Sie nur noch selten benötigen, denn mit einer korrekten Textverarbeitung können Sie
direkt das Format eines Fensterumschlags berücksichtigen und
sparen so das Geld für die Etiketten.

Der Assistent führt Sie daraufhin in ein Auswahlfenster, in
dem Sie durch drei Schritte geführt werden. Der erste Schritt ist
die Angabe des Dateinamens Ihres Musterbriefs. Als zweiten
Schritt geben Sie den Dateinamen der Adreßliste ein und als dritten Schritt verbinden Sie beide miteinander, indem Sie die Briefe
ausdrucken.

Word bietet Ihnen die Möglichkeit, wahlweise auch erst einen
Probedruck, das bedeutet eine neue Datei zu erstellen. Dort kön-
nen Sie überprüfen, ob der Seriendruck gelungen ist. In dem Pro-
beausdruck haben Sie auch die Chance, noch bei einzelnen
Adressaten persönliche Bemerkungen hinzuzufügen und erst im
Anschluß alle Briefe auszudrucken.

Gute Seriendruckfunktionen moderner Textverarbeitungen
erlauben es auch, daß Sie Filter anwenden. Beispielsweise können Sie bei Word bestimmen, daß Sie aus der umfangreichen Datenbank nur alle Personen im Postleitzahlbereich 3* anschreiben
wollen. Dies geschieht über die Funktion „Auswahl". Wem das
immer noch nicht genügt, der kann mit der „Wenn-Dann-
Option" festlegen, daß unterschiedliche Textzusätze für einzelne
Personen eingebunden werden. Beispiel: Wenn „Mitglied", dann
soll folgender Text erscheinen: „Liebes Mitglied", sonst: „Lieber
Freund unserer Kirchengemeinde".

Tabellenkalkulation

Die Anwendungsgebiete eines modernen Tabellenkalkulationsprogrammes, wie zum Beispiel Microsoft Excel, sind sehr vielfältig. Es wird überall dort eingesetzt, wo Sie mit Tabellen und Listen arbeiten. Dazu gehören viele der täglich anfallenden Tätigkeiten im kaufmännischen Bereich wie auch in der Verwaltung. Wenn Sie die Finanzen eines christlichen Werks verwalten müssen, sei es auch nur ein größerer Büchertisch, dann kann Ihnen eine Tabellenkalkulation bereits eine große Hilfe sein. Aber auch in Verwaltungsaufgaben, wie etwa bei Mitgliederlisten oder grafischen Präsentationen etwa des Kirchenbesuchs oder der Entwicklung der Finanzen, erfüllen derartige Programme ihren Zweck. Das bekannteste Tabellenkalkulationsprogramm ist Microsoft Excel, daneben stehen Lotus 123, Quattro Pro und andere Konkurrenzprogramme. In ihrer Funktion und Bedienung sind sich heutige Tabellenkalkulationsprogramme sehr ähnlich.

Typisch für ein Tabellenkalkulationsprogramm ist ein Arbeitsblatt, das ähnlich wie eine Tabelle aufgebaut ist. Dieses Arbeitsblatt ist in Spalten und Zeilen aufgeteilt. Bei Excel haben Sie beispielsweise auf einem Arbeitsblatt 256 Spalten und 16.384 Zeilen. Von links nach rechts ist das Blatt in Spalten und von oben nach unten in Zeilen gegliedert. Auf diese Weise lassen sich Tabellen jeglicher Art bequem erstellen. Gedruckt wird jeweils nur der von Ihnen beschriebene Ausschnitt des Arbeitsblattes. Außerdem können Sie so auch hervorragend die Zahlen einer Tabelle miteinander in Beziehung setzen. Entscheidend wird der Zellbereich, in dem die Zahlen stehen, und nicht der Wert der Zahlen an sich. Das Verfahren ähnelt ein wenig dem vom Spiel „Schiffeversenken" bekannten Verfahren. Die Zahl in der ersten Spalte und der ersten Zeile wird beispielsweise zu A1.

Die Bedienung des Programms geschieht über eine Menüzeile, mittels derer die zur Steuerung notwendigen Befehle aufgerufen werden können. Wahlweise können die Befehle auch
über Bildsymbole in einer Symbolleiste gestartet werden. Das
Symbol Drucker startet zum Beispiel den Ausdruck. Wer es noch
vielfältiger mag, kann Excel an vielen Stellen auch über Tastatur-
kombinationen steuern. „Strg + f" bewirkt, daß ein markierter

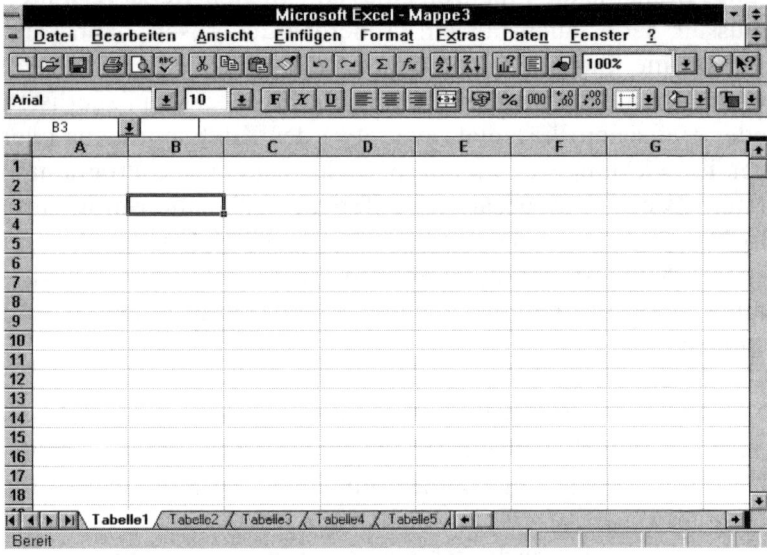

Arbeitsbildschirm einer Tabellenkalkulation

Text fett dargestellt wird. Zusätzlich verfügt Excel über einen
Funktionsassistenten, mit dem der Anwender Zugriff auf hunderte mathematischer Rechnungsfunktionen bekommt. Statisti-
kberechnungen werden hier ebenso unterstützt wie etwa finanz-
mathematische Berechnungen. Excel verfügt außerdem über
einen Assistenten für grafische Präsentationen, mit dem Sie in
kürzester Zeit aus den Tabellenwerten anspruchsvolle Grafiken
erstellen können. Hilfreich ist weiterhin noch eine besondere
Datenbankfunktion für Adressen und anderes.

Datenbankanwendung

Informationen sind das A und O des täglichen Lebens. Wir werden mit einer Vielzahl von Informationen konfrontiert: Termine, Geburtstage, zu erledigende Tätigkeiten, Adressen und anderes mehr. Doch wir können längst nicht alles so strukturieren, daß der Zugriff darauf jederzeit leicht möglich ist und wir die benötigten Informationen schnell vor Augen haben.

Wozu Datenbanken?

Wenn es um einen Adreßbestand oder um die Verwaltung von Aufträgen geht, sind wir mit unserem Latein und mit den herkömmlichen Arbeitsmitteln, wie z. B. Karteikästen, schnell am Ende. Die Daten sind in einem wenig organisierten Kartei- oder Zettelkasten gar nicht oder erst nach langem Suchen zu finden. In dieser Misere bietet der Computer Abhilfe. Mit Datenbankprogrammen lassen sich Daten aller Art übersichtlich verwalten. Egal, ob Sie Adressen von Kirchenmitgliedern, Geburtstagslisten, Buchhaltungsbelege, Fotosammlungen oder Küchenrezepte verwalten wollen − mit Hilfe einer Datenbank läßt sich Ordnung in jedes Datenchaos bringen.

Neben der Verwaltung der von Ihnen eingegebenen Daten ermöglicht die Datenbank Ihnen Abfragen nach bestimmten Kriterien. Auf diese Weise erhalten Sie z. B. eine Liste aller Konfirmanden, aller Geburtstage im Oktober und vieles mehr. Das zur Zeit meistgenutzte Datenbankprogramm ist Microsoft-Access. Es läuft unter Windows 3.1 und Windows 95. Access ist mit der Maus oder über die Menüs sehr leicht bedienbar. Als Teil des Microsoft Office Pakets verfügt es über gute Export- und Import-Möglichkeiten zu anderen Anwendungen.

Adobe PageMaker

Das wohl häufigst benutzte Programm für die Erstellung von Gemeindebriefen ist Adobe PageMaker. Mit diesem professionellen Layoutprogramm hat der Anwender ein mächtiges Werkzeug in der Hand, um seine Präsentationen wie Gemeindebriefe, Faltblätter, Plakate und andere Publikationen optimal zu gestalten. PageMaker gibt es bereits ab 400 DM (PageMaker Classic). Die neueste Version, PageMaker 6, läuft auf den Betriebssystemen Macintosh, Windows 3.1 und Windows 95 und kostet rund 1600 DM. Allerdings können Sie bereits mit PageMaker Classic nahezu alle anfallenden Aufgaben, wie z. B. die Erstellung eines Gemeindebriefes, hervorragend lösen.

Was unterscheidet ein sogenanntes Desktop Publishing Programm (DTP) von einer modernen Textverarbeitung wie z. B. Winword?

Wie der Begriff DTP (zu deutsch: „Veröffentlichen am Schreibtisch") bereits aussagt, können Sie mit PageMaker, dem klassischen DTP-Programm, alle notwendigen Tätigkeiten ausführen, die bei der Erstellung einer Zeitschrift oder anderer Drucksachen auf dem Computer anfallen. PageMaker beinhaltet eine leistungsfähige Textverarbeitung mit Rechtschreibkorrektur. Zusätzlich unterstützt das Programm eine Vielzahl von Importfiltern. Sie können fertige Texte aus Word, Word Perfect, Starwriter, Ami Pro und anderen Programmen bequem übernehmen. Zusätzlich laden Sie Ihre Grafiken und Fotos, die Sie eingescannt oder aus fertigen Grafiksammlungen von Diskette und CD-ROM entnommen haben. Die eigentliche Aufgabe eines DTP-Programms besteht darin, diese Daten aus den unterschiedlichen Programmen zu einem guten Seitenlayout zusammenzuführen. PageMaker bietet ideale Möglichkeiten für die Arbeit mit verschiedenen Spaltengrößen, Rahmen, Hintergrundmuster, automatische Seitennumerierung, Doppelseitendarstellung und Doppelseitenausdruck. Besonders wertvoll an diesem Programm ist die Unterstützung aller erforderlichen Techniken für eine mögliche digitale Weiterverarbeitung in einer Druckerei. Sie können Ihre PageMaker-Satzdateien in vielen Druckereien professionell drucken lassen. Über einen sogenannten Belichter wird dann eine Filmvorlage erstellt, aus der Filmvorlage eine Metall- bzw. Kunstoffplatte (Matrize) für den Offsetdruck. Über den Offsetdruck erreichen Sie die besten Druckergebnisse. Sollte Ihre Druckerei nicht mit PageMaker arbeiten, können Sie eine sogenannte Postscriptdatei erstellen. Postscript ist eine professionelle Seitenbeschreibungssprache, die gegenwärtig den Standard im Druckgewerbe darstellt. Diese Seitenbeschreibungssprache wurde übrigens ebenfalls von der Firma Adobe entwickelt und wird von nahezu allen Ausgabegeräten der professionellen Drucktechnik unterstützt.

PageMaker bietet eine Vielzahl zusätzlicher Features für die Erstellung professioneller Erzeugnisse. Leider fehlt uns hier der Platz, um auf die Möglichkeiten der Vierfarbseparierung (notwendig für Farbdruck), das PDF-Format (hilfreich für die elektronische Weiterverarbeitung auf anderen Computerplattformen) oder die Möglichkeiten für die Bucherstellung einzugehen.

Der entscheidende Vorteil eines DTP-Programms gegenüber einer „normalen" Textverarbeitung besteht oft in der freien und unproblematischen Plazierung von Texten und Grafiken, unabhängig von den unterschiedlichen Spalten und Seiten. PageMaker unterscheidet sich hier wiederum von anderen DTP-Programmen wie etwa dem Corel Ventura Publisher dadurch, daß Sie in PageMaker die Möglichkeit haben, alle einzelnen Bausteine Ihres Seitenlayouts in einer einzigen Datei abzuspeichern.

Der Ventura Publisher von Corel speichert die einzelnen Komponenten der Satzdatei in unterschiedlichen Dateien. Das erschwert unter anderem den Datenaustausch. Außerdem arbeitet der Ventura Publisher rahmenorientiert, das heißt, erst wird der Rahmen angelegt, dann der Text eingefügt. Hierdurch werden Sie in Ihrer freien Gestaltung der Seite etwas eingeschränkt. Ein drittes DTP-Programm ist ebenfalls sehr verbreitet: „Quark X-Press". Diese Software wird vorwiegend auf Macintosh Computern eingesetzt und hat weite Verbreitung in Grafikstudios und in Druckereien.

Vielleicht sind einige Leser mit dem Begriff „Satzdatei" noch nicht ausreichend vertraut. Eine Satzdatei können Sie sich wie die Oberfläche eines Schreibtischs vorstellen, auf der Ihr Papierbogen liegt, auf dem Sie, wie es früher üblich war, Ihre Texte und Grafiken ausschneiden und aneinanderfügen. Dieses sogenannte Setzen Ihrer Publikation, eigentlich die Arbeit eines Schriftsetzers, können Sie heute auf Ihrem eigenen PC erledigen. Allerdings ist nach wie vor ein Minimum an gestalterischem Geschick und die Kenntnis der notwendigen typographischen und phototechnischen Grundlagen erforderlich. Allein ein PC macht Sie sicherlich noch nicht zum Gestaltungskünstler, er ist nur ein Werkzeug, das Ihnen in Ihrer Arbeit ein wertvolles Hilfsmittel sein wird.

Zusätzlich zum DTP-Programm benötigen Sie für die Erstellung von Gemeindebriefen und anderen Publikationen idealerweise ein Grafik- und ein Fotobearbeitungsprogramm. Eine weitere Hilfe sind die sogenannten Scanner. Für wenige hundert Mark bekommen Sie heute bereits hochwertige Geräte, um Texte, Grafiken, Fotos usw. vom Papier auf den Computer zu bringen. Auch die Bearbeitung farbiger Vorlagen, wie zum Beispiel Fotografien, stellt heute kein Problem mehr dar. Wenn Sie jedoch wissen, daß Ihr Gemeindebrief abschließend sowieso nur in Schwarz-Weiß gedruckt wird, sollte Ihre Vorlage auch derart erstellt sein.

Ev.-luth. Kirchengemeinde Dollbergen-Schwüblingsen

Juli/August 1996   Nr. 236

Liebe Leserinnen und Leser!

Bald ist es wieder soweit: noch weckt die Fußball-Europa-Meisterschaft allgemeines Interesse. Doch in einigen Wochen beginnen die Olympischen Spiele in Atlanta. Menschen aus allen Ländern der Erde blicken auf ein Stadion. Die Satellitentechnik macht es möglich. An einem solchen Ereignis vorbeizugehen, erfordert Anstrengung.

Manchmal wünsche ich mir eine ähnliche Aufmerksamkeit für die Botschaft Gottes. Denn Gott geht es um uns Menschen und um unser Glück. Er will, daß wir glücklich leben können. Erfülltes, in der Tiefe erfülltes Leben will er möglich machen.

Doch leicht überhören wir Gottes Stimme. Anderes ist lauter und eindrucksvoller. In den nächsten Wochen ist für viele Urlaubszeit. Zuhause oder in der Ferne. Zeit für Familie, für Sport und für sich selbst. Auch Zeit, um innerliche Ruhe zu suchen und Zeit für Gott zu finden.

Ich wünsche Ihnen Ruhe für sich selbst, egal ob im Urlaub oder im Arbeitsalltag

Euer/Ihr Pastor

Software-Katalog

Programme zur Bibel

Warum christliche Software?

Diese Frage stellte mir vor einiger Zeit ein Rundfunkreporter: *„Warum brauchen wir christliche Computerprogramme?"* Nun, im ersten Augenblick erscheint diese Frage durchaus logisch zu sein. Bedenkt man, unter welcher Zielsetzung Computer geschaffen wurden, so gab es im 19. Jh. unter dem Amerikaner Hermann Hollerith die frühen elektrischen Rechenmaschinen insbesondere für umfangreiche Volkserfassungen. Aus seiner Firma wurde später die IBM. Die eigentliche moderne Computertechnik, die auf Konrad Zuses Erfindung von 1935 zurückgeht, wurde schnell in ihrer Bedeutung für militärische Zwecke erkannt. Die Amerikaner entwickelten den legendären Großrechner ENIAC im Jahre 1946 zur Berechnung der Flugbahn militärischer Waffen. Aus dem ca. 140 Meter großen und ca. 30 Tonnen schweren Riesenrechner wurde in den folgenden Jahrzehnten unter anderem unter Mitwirkung des deutschen Erfinders Nixdorf die etwas kleinere sogenannte mittlere Datentechnik. Sie wurde vorwiegend in der Wissenschaft, der Verwaltung und der Wirtschaft eingesetzt.

Mit Erfindung des modernen Personal Computers, eines persönlichen Computers für jedermann, haben die beiden jungen Männer, die 1978 in ihrer Garage den Apple erfanden, jedoch eine völlig neue Entwicklung in die Wege geleitet. Spätestens seitdem IBM anfangs der 80er Jahre damit begann, die Personal Computer serienmäßig in großen Mengen abzusetzen, begann eine datentechnische Revolution.

1996 gibt es in Deutschland statistisch gesehen in jedem vierten privaten Haushalt einen Personal Computer. Und „trotz der vielen Kriegsspiele und wundervollen Home Banking Programme" wird doch deutlich, daß es hierbei nicht mehr primär um militärische oder verwaltungstechnische Aufgaben geht. Nein, auch die Computerprogramme haben eine enorme Aufgabenveränderung erlebt. Beim ENIAC wurden sie noch über die Verkabelung konfiguriert. Dies bedeutete, daß jeweils nur eine einzige Anwendung auf dem Rechner möglich war. In den darauf folgenden Jahren wurden daher die sogenannten Programmiersprachen entwickelt, die mit weniger Aufwand eine unbegrenzte Anzahl von Anwendungsmöglichkeiten eröffneten.

Heute reichen die PC-Anwendungsmöglichkeiten vom Einsatz als moderne Schreibanlage, über das elektronische Telefonbuch mit Zugriffsmöglichkeit auf bis zu einer Milliarde Adreßdaten, über kunstvolle Grafikanwendungen und multimediale Spiele im Stereoklang bis hin zum elektronischen Buch. Und so gab es unter der Vielzahl verschiedener Computeranwendungen auch schon recht früh die Bibel auf Diskette und CD.

„Warum brauchen wir christliche Software?" Auf diese Frage stellte sich mir im ersten Augenblick der Vergleich zur Notwendigkeit der Buchdruckkunst eines Gutenberg. War nicht die Bibel eines der ersten Bücher überhaupt und ist sie nicht bis heute mit fast vier Milliarden gedruckten Werken (allein in den letzten 150 Jahren) das meistgelesene Buch aller Zeiten?

Wer das religiöse Verlangen des Menschen nach dem Wort Gottes kennt, der fragt sich nicht mehr, warum die Menschen von heute auch elektronische Bücher zu den eigentlichen Themen des Lebens wünschen.

Haben wir als Schüler im Geschichtsunterricht noch von dem gewaltigen ökonomisch-sozialen Wandel infolge der Industriellen Revolution gehört, so werden unsere Kinder vielleicht einmal von den globalen Veränderungen durch die computertechnische

Revolution in ihrem Unterricht hören. So vielfältig wie die Möglichkeiten der Personal Computer sein werden, so mannigfaltig sind auch die Wünsche der Anwender, die die zentrale Botschaft des Lebens über die modernen, elektronischen Medien vertiefen wollen. Das fängt mit den Spielen an. Warum sollten wir die Erziehung unserer Kinder den oft gewaltverherrlichenden und teilweise mystisch okkult anmutenden Spielideen von Wirtschaftsbetrieben überlassen, die sich scheinbar schamlos an den Kleinsten bereichern wollen?

Die Botschaft, die wir vermitteln wollen, ist hingegen nicht destruktiv, sondern in höchstem Maße konstruktiv. Die frohmachende gute Botschaft aus dem Evangelium Christi.

Uetze, den 15. Juli 1996 *Peter-Christian Graße*

Luther Bibel für Windows

Das Programm „Bibel Recherche für Windows" entstand Ende 1992 auf Anregung von Pastor Peter Graße (Uetze). Inzwischen liegt es in der Version 4.1 vor. Die Programmiererin der Software ist Frau Dipl. Ing. Linda Spang (Hannover). „Bibel Recherche" gibt es unter dem Titel „Luther Bibel für Windows" als gemeinsame Co-Produktion des Hänssler-Verlags und der Deutschen Bibelgesellschaft. Zusätzlich kann jedoch auch der Elberfelder-Bibeltext des R. Brockhaus Verlages integriert werden.

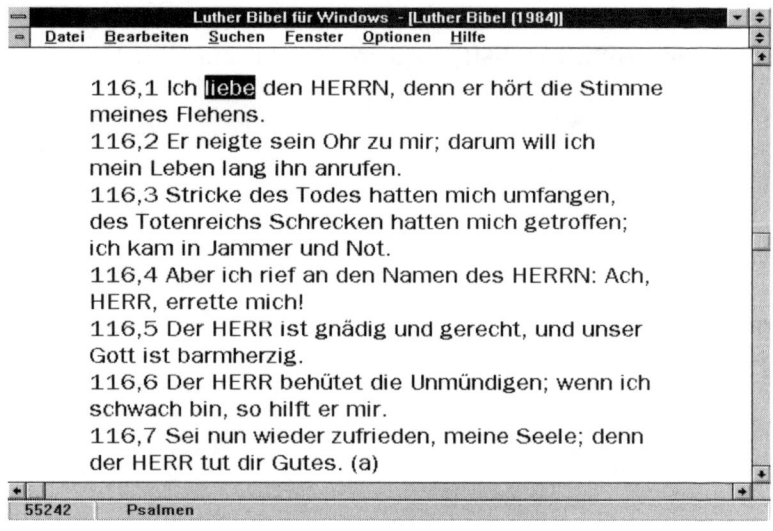

Der Arbeitsbildschirm der „Luther Bibel für Windows"

Bei der Benutzung beider Bibeltexte können Such-Aufträge in beiden Texten durchgeführt werden, und Sie können über die Fundliste wahlweise die Ergebnisse im Luther- oder Elberfeldertext anzeigen lassen, allerdings gibt es zur Zeit noch keine Synchronisation, die es erlaubt, eine Fundstelle zugleich in beiden Texten auf einmal anzeigen zu lassen.

Programmstart mit den zuletzt genutzten Arbeitsfenstern

Beim Start von „Bibel Recherche" wird der Anwender gefragt, ob er die Wiederherstellung der letzten Arbeitseinstellungen wiederholen möchte. Hinter dieser Option verbirgt sich eine leistungsfähige Arbeitshilfe. Besonders im pastoralen Dienst ist es oft notwendig, eine bereits begonnene Bibelarbeit zu einem späteren Zeitpunkt wieder fortzusetzen. „Bibel Recherche" merkt sich also die zuletzt aktivierten Bibeltexte und Suchfunktionen und startet beim nächsten Programmaufruf auf Wunsch mit diesen Einstellungen.

Bibelstelle anzeigen

Mit der Funktion „Suchen", „Gehe zu" und der Eingabe der gewünschten Bibelstelle läßt sich selbige schnell und unkompliziert aufrufen. Ein Pluspunkt stellt eine Liste mit den Namen der 66 biblischen Bücher dar, welche auf Wunsch eingeblendet werden kann, um hierüber das gesuchte Buch anzuwählen.

Drucken

Etwas knapp steht es um die Möglichkeiten des Text-Ausdrucks. Eine beliebige Bibelstelle muß zuvor auf dem Bildschirm markiert werden und kann dann entweder direkt ausgedruckt oder auch in ein spezielles Textverarbeitungsprogramm exportiert werden. Hier wären noch einige Wünsche offen. Beispielsweise „Elbikon für Windows" erlaubt, daß man beim Ausdruck eine beliebige Windows-Schrift auswählt und den Bibeltext mit Kapitel und Vers exakt bestimmt.

Markierfunktion

Das Markieren geschieht bei der „Lutherbibel für Windows" ein klein wenig komplizierter als man es von den Microsoft Programmen gewöhnt ist, denn man kann nur von links nach rechts und von oben nach unten markieren. Ein Markieren vom Ende her ist nicht möglich. Der markierte Textbereich wird dann invertiert dargestellt, mit weißer Schrift in schwarzem Balken. In Bezug auf die Markierfunktion muß bei den anderen Windows-Bibel-Programmen teilweise mehr umgedacht werden. So geschieht dieser Vorgang beispielsweise bei Elbikon über die Funktion „Block setzen", die uns noch aus den DOS-Programmen vertraut ist. „Elbiwin" markiert grundsätzlich nur zeilenweise und zeigt das durch einen farbigen Balken am Zeilenanfang an.

Parallelstellen

In dem Programm „Bibel Recherche" wurden auch viele hundert Parallelstellen integriert. Wie aber werden diese angewandt? Über den Menü-Punkt „Anmerkung öffnen" ist es möglich, sich eine Liste mit den vorhandenen Parallelstellen zu dem entsprechenden Kapitel anzeigen zu lassen. Hier können dann gewünschte Verweis-Stellen zu den jeweiligen Versen des Kapitels direkt aufgerufen werden.

Anmerkungen erstellen

Jede Anmerkung wird als eigene Datei gespeichert. Im Bibeltext werden die vorhandenen Anmerkungen durch ein Symbol angezeigt und können mit Hilfe der Maus durch einen kurzen Klick mit der rechten Taste aufgerufen werden.

Bildschirmschrift

Wenn auch nicht beim Drucken, so jedoch für die Bildschirmdarstellung, können Schrift und Schriftgröße beliebig gewählt werden. Insbesondere Personen mit Augenschwäche werden für diesen Vorzug sehr dankbar sein. So läßt sich jede der unter Windows installierten Schriften und Schriftgrößen in der „Lutherbibel für Windows" als Bildschirmschrift einstellen.

Recherche

Über das Menü „Suchen", „Neue Recherche" oder die F8-Taste wird ein Dialogfenster zur Konkordanzfunktion eingeblendet. Sie können nun bis zu neun Wörter aus der Bibel miteinander verknüpfen und anschließend im Bibeltext vom Computer raussuchen lassen. Hierbei ist es möglich, die Suchworte durch

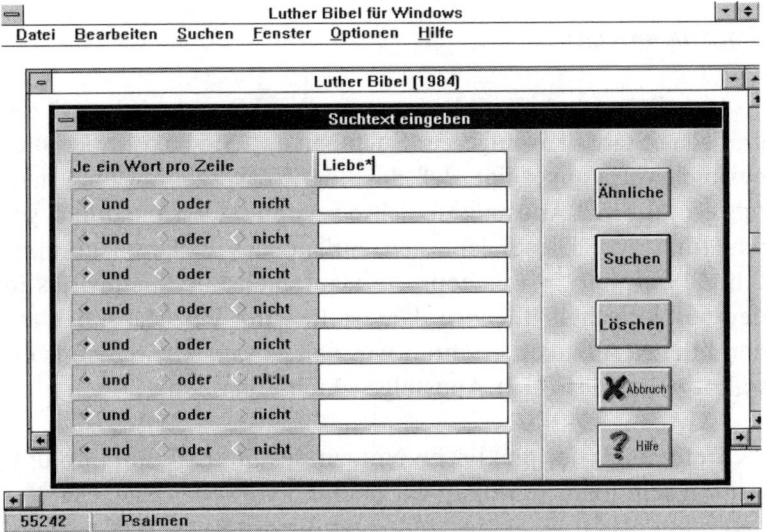

Das Eingabefenster für Suchabfragen („Recherchen")

die Operatoren „und", „oder" bzw. „nicht" miteinander in Beziehung zu setzen. Das Ergebnis wird anschließend als Liste ausgegeben. Bibel Recherche stellt verschiedene Optionen zur Verfügung, wie die Liste gestaltet werden kann. So ist es z. B. möglich, nur das Buch mit Kapitel und Versangabe angezeigt zu bekommen, oder auch den entsprechenden Bibelvers zur Verweisstelle mit einer vom Anwender festzulegenden Zahl von Textversen dazu. Diese Optionen erweisen sich in der Praxis als sehr hilfreich. Per Mausklick können Sie sich zu den Fundstellen auch den kompletten Bibeltext in seinem Kontext aufrufen.

Export

Sowohl Bibeltexte wie auch eigene Anmerkungen können Sie markieren und in andere Windows-Programme exportieren. Der Textexport geschieht über die Windows-Zwischenablage und geht recht unkompliziert vonstatten.

Statistik anzeigen

Eine Besonderheit im Programm „Bibel Recherche" stellt die grafische Statistikanzeige zur Suchliste dar. Sie bekommen hier beispielsweise angezeigt, daß der Begriff „Vergebung" am häufigsten im Buch Apostelgeschichte verwendet wird, nämlich genau fünf mal. Dieses läßt sich anhand des Balkendiagramms schnell ablesen, in welchem die Häufigkeit des Suchwortes in den 66 biblischen Büchern dargestellt wird. Per Mausklick auf den höchsten Balken erfahren wir, daß es sich — wie bereits erwähnt — um das Buch Apostelgeschichte handelt.

Wenn auch der praktische Nutzen der Statistikfunktion umstritten sein mag, so wollen wir doch hervorheben, daß es unter den mehr als 20 Bibelanwendungen, die der Redaktion bekannt sind, das erste Programm ist, das diese Statistik visualisiert hat.

Damit bietet es dem Nutzer bereits auf den ersten Blick verschiedene Anregungen beim Bibelstudium und der textkritischen Exegese.

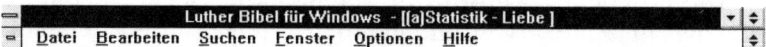

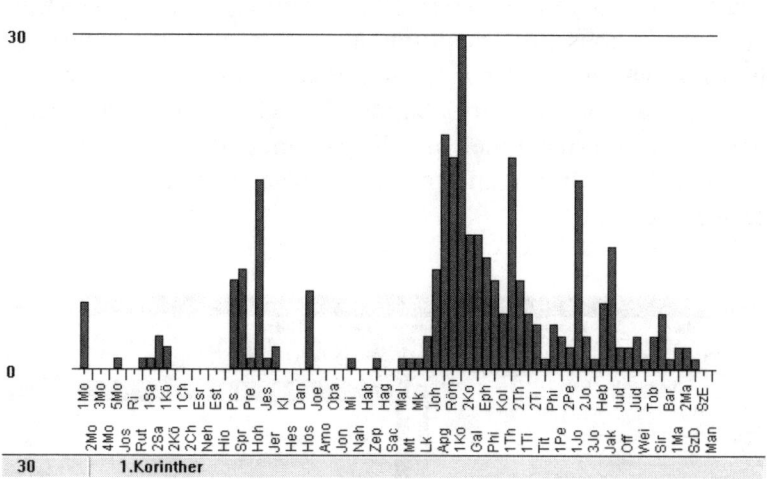

Der Statistikbildschirm

Info:
Hänssler-Verlag GmbH
Postfach 12 20
D-73762 Neuhausen
Tel. (0 71 58) 1 77-1 77
Fax (0 71 58) 1 77-1 19

Elbiwin 5.0

mit optionalem Studienbibel-Zusatz

Das Programm „Elbiwin 5.0" für Windows ist ein Hilfsmittel für die Erstellung von Predigten, Vorträgen, Bibelarbeiten, kurz – für alle Ausarbeitungen, bei denen mit und im Bibeltext gearbeitet werden muß. Hier geht es dem Programmierer weniger um die optische Gestaltung, als darum, daß der Anwender hiermit wissenschaftlich akkurat arbeiten kann. Hieraus ergeben sich zum Beispiel die vorteilhaften Möglichkeiten, auf den Textexport Einfluß zu nehmen und die vorhandenen Exportfilter, die es erlauben, auch formatierten Text in Standardanwendungen zu exportieren.

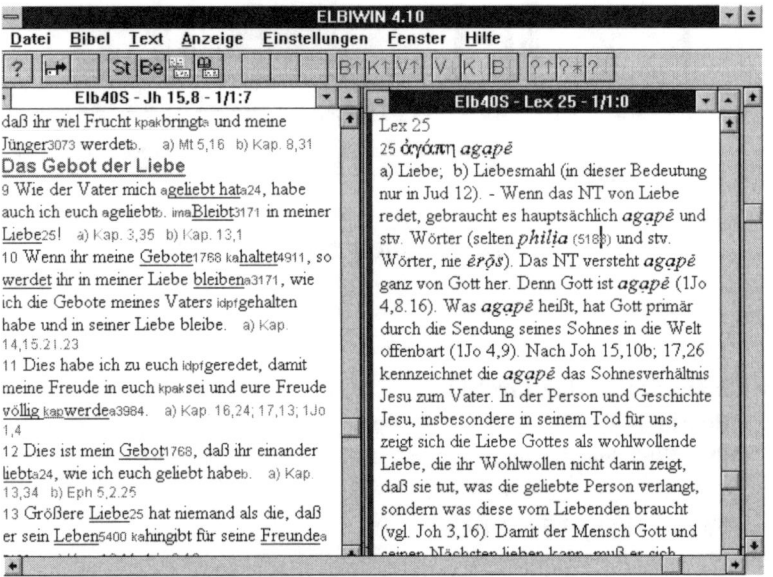

Elbiwin mit Studienteil zum NT

„Elbiwin 5.0" gibt es zusammen mit dem neuesten Elberfelder Bibeltext schon für 98 DM. Das Programm wird mit einem ausführlichen Handbuch (rund 100 Seiten) ausgeliefert. Optional gibt es für Elbiwin auch andere Bibeltexte wie etwa die Lutherübersetzung von 1984, „Die Gute Nachricht" und andere mehr.

Neben den sehr guten Möglichkeiten des Textexports gibt es als Besonderheit unter deutschsprachigen Bibelprogrammen auch einen Studienteil, der optional zu „Elbiwin" erworben werden kann. Dieser Studienteil aus dem R. Brockhaus Verlag erlaubt als einzige deutsche Anwendung die Möglichkeit, sich diverse Worte aus dem Bibeltext der Elberfelder Übersetzung online auf dem Bildschirm in Griechisch anzeigen zu lassen. Aber damit nicht genug, dieser Studienteil enthält auch die grammatische Deutung und eine lexikalische Erklärung zum Suchwort. Dieses Hilfsmittel aus dem Hause R. Brockhaus öffnet neue Horizonte für deutschsprachige Bibelprogramme. Auch der Preis ist mit 78 DM für diesen Studien-Zusatz durchaus adäquat.

Bibelstelle eingeben

Über das Menü „Bibel", „Stellenangabe" erscheint ein Dialog-Fenster, das unsere besondere Beachtung verdient. Hier können Sie sowohl eine Bibelstelle exakt beschreiben, in dem Sie Buch, Kapitel und Vers angeben. Sie können, wenn Sie möchten, das Buch auch über eine Listenauswahl anklicken und dann lediglich Angaben zu Kapitel und Vers von Hand hinzufügen. Außerdem können Sie, sofern Sie verschiedene Bibelausgaben mit Elbiwin erworben haben, in diesem Dialogfenster auch wählen, welche Bibel sie öffnen möchten. Zu guter Letzt müssen Sie sich entscheiden, ob Sie die gewünschte Passage in dem aktiven Fenster oder in einem neuen Fenster darstellen wollen. Eine Besonderheit, die viele Anwender erfreuen wird, bietet hier die Option, die gewünschte Bibelstelle nicht erst in einem Betrachtungsfenster zu öffnen, sondern gleich in die in Elbiwin integrierte Textverarbeitung zu laden. Wer möchte, kann stattdessen den Bibeltext sogar direkt in seine eigene Textverarbeitung einfügen lassen. Hierfür sind in „Elbiwin" Filter zu den wichtigsten Standardprogrammen integriert, über die sogleich selbige Programme automatisch aufgerufen und der Bibeltext dort eingefügt wird. In dieser leistungsfähigen Funktion liegt eine besondere Stärke des Programms „Elbiwin".

Konkordanz-, bzw. Suchfunktion

Mit Hilfe des Menüs „Bibel", „Begriffsangabe" erlaubt „Elbiwin" die automatische Suche nach einzelnen Begriffen wie auch Wortverknüpfungen und sogar nach ganzen Sätzen. Nach Eingabe des Suchwortes und Bestätigung des Dialog-Fensters mit „OK", zeigt Elbiwin nach einem kaum wahrnehmbaren Augenblick zuerst die Anzahl der gefundenen Verweise, anschließend eine Liste mit den gefundenen Bibelzitaten. Auf Wunsch können die Fundstellen entweder einzeln mit dem jeweiligen Kapitel in der Bibel angezeigt werden oder — wie oben erwähnt — als Liste, in der nur der jeweilige Vers mit eingeblendet wird. Weitere Gestaltungsmöglichkeiten stehen optional unter dem Menü „Ansicht", Textdarstellung zur Verfügung. So wird der Suchbegriff in der Fundliste auf Wunsch natürlich auch farbig markiert.

Druck

Ein direkter Ausdruck aus dem Bibelprogramm ist unter Elbiwin nicht möglich. Hingegen kann man jedoch Passagen hervorragend in andere Standard-Textverarbeitungen exportieren. Hier können sie anschließend weiterverarbeitet und ausgedruckt werden.

Textexport

Zuerst wird ein beliebiger Textabschnitt auf dem Bildschirm mit der Maus markiert. Die Markierung geschieht zeilenweise und wird durch einen farbigen Balken am linken Fensterrand angezeigt. Anschließend kann über das Menü „Bibel", „Anzeige zu Text" oder die F9-Taste der Text in unsere Textverarbeitung unter Windows ausgegeben werden. Der Export geschieht automatisch im Hintergrund. Wichtig ist nur, daß man bei der Konfiguration von „Elbiwin" einen der 17 integrierten Exportfilter ausgewählt hat. Dieses geschieht im Menü „Einstellungen", „Transfer". Wer möchte, kann hier sogar eigene Anwendungen einbinden. Falls kein interner Filter vorhanden ist, benutzt Elbiwin auch die normale Windows-Zwischenablage. Wer die Export-Funktion von Bibelpassagen oder eigenen Notizen im Bibelprogramm häufig nutzt, wird diesen automatischen Export von Elbiwin sicher sehr zu schätzen wissen.

Notizen

Über den Befehl „Anzeige", „Anmerkung", „Bearbeiten", lassen sich schnell persönliche Notizen zu den Bibelstellen notieren. Das auffallend Neue und Hilfreiche an dieser Elbiwin-Funktion (im Vergleich zu seinen Mitbewerbern) besteht darin, daß diese Anmerkungen auch farblich vom Bibeltext abgehoben immer mit angezeigt werden können. Das heißt, der Anwender kann wählen, welche Informationen er zum Bibeltext mit einblenden möchte. Insgesamt hat er die Möglichkeit, 17 verschiedene Text-Elemente mit ein- oder auszublenden. Dazu gehören auch die persönlichen Anmerkungen zum Bibeltext. Wenn der Anwender diese – wie gesagt farblich abgegrenzten Notizen – nicht sehen möchte, kann er sie ausschalten, und es wird stattdessen nur ein # angezeigt.

Studienbibel

Sehr kostspielige wissenschaftliche Programme, wie etwa „Bible Works", erlauben es gleichzeitig, den deutschen Bibeltext, das Novum Testamentum Graece, die Biblia Hebraica Stuttgartensia oder auch die Vulgata, synchron nebeneinander auf dem Bildschirm zu lesen. Allerdings kosten derartig umfangreiche Programme sechs mal so viel, wie etwa der Studienteil zu Elbiwin. Dazu kommt die Tatsache, daß wohl nur ein kleiner Personenkreis derartige wissenschaftliche Werke überhaupt effektiv einsetzen kann. Hier tritt nun der Elbiwin Studienteil des R. Brockhaus Verlags für nur 78 DM ins Feld. Zu diesem vergleichbar günstigen Preis erhält der Theologe (wie auch der interessierte Laie) einen Zusatz mit griechischen Wortstudien zum Neuen Testament. Einige tausend Schlüsselworte im Neuen Testament lassen sich in bezug auf ihre griechische Wurzel, wie auch der grammatischen Form und der Wörterbuchbedeutung nachschlagen. Für diejenigen Leser, die selbst von Zeit zu Zeit Predigten, Andachten oder Vorträge vorbereiten müssen, aber nicht fließend das Altgriechische beherrschen, kann die Studienbibel ein effektives Hilfsmittel sein. Selbst für die persönliche Bibellese bieten sich noch ungeahnte Möglichkeiten durch den Einsatz derartiger exegetischer Computer-Hilfsmittel.

Info:
R. Brockhaus / Oncken Verlag
Software Edition
Champagne 7
42781 Haan
Tel. (0 21 04) 96 86 00
Fax (0 21 04) 96 86 01

Elbikon für Windows
„Hoffnung für alle"-Übersetzung

Das Programm „Elbikon für Windows" wird von Herrn Norbert Demgensky seit 1989 ständig weiterentwickelt. Seine erste Version war damals sogar kopierfrei und hatte sich schnell über ganz Deutschland ausgebreitet. Heute ist es eins der Standard-Bibelprogramme unter den professionellen Anwendungen. Es

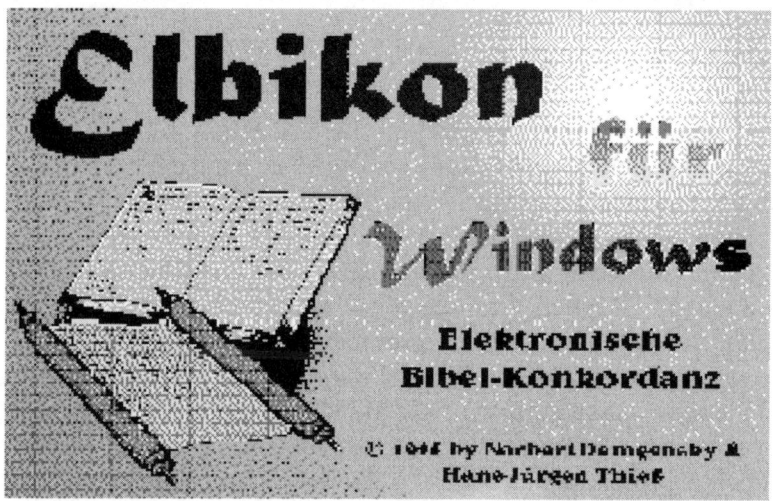

handelt sich hierbei um ein Datenbankprogramm, das es inzwischen mit vielen verschiedenen Bibeltexten zu kaufen gibt. Dazu gehören unter anderem die „Einheitsübersetzung" des Katholischen Bibelwerks, die „Zürcher Bibel" oder auch die vom Brunnenverlag angebotenen Ausgaben „Hoffnung für alle" und die „Schlachter Bibel". Das Programm Elbikon wurde ursprünglich für DOS geschrieben und später auf Windows übertragen. Übrigens wird Elbikon nicht nur mit den verschiedenen Bibeltexten angeboten, sondern es dient auch als Datenbank für das Programm „Choral", mit dem Gesangbuch der Evangelischen Kirche Deutschlands auf dem PC. Wir haben für dieses Buch „Elbikon für Windows" mit dem Text „Hoffnung für alle" aus dem Brunnenverlag einem ausführlichen Test unterzogen.

Beim Programmstart erscheint Elbikon mit einem sehr aufwendig und schön gestalteten Start-Logo, etwa in Form einer alten Schriftrolle. Auffallend nett gemacht ist auch die Symbolleiste, über deren Icons wichtige Funktionen wie Druck, Suchen, usw. später per Mausklick aktiviert werden können.

Bibelstelle anzeigen

Nach dem Programmstart erscheint Elbikon mit einer Liste der biblischen Bücher. Aus dieser Buchliste kann ein bestimmtes Buch angewählt werden. Wenn der Benutzer zum Beispiel Johannes anklickt, wird das Evangelium des Johannes geöffnet. In einem zweiten Schritt kann der Anwender nun über das Menü „Suchen", „Kapitel, Vers" die gewünschte Bibelstelle durch Eingabe des Kapitels und des Verses näher bestimmen. Sofort nach der Eingabe, in unserem Beispiel war das Kapitel 3 und Vers 3 im Johannesevangelium, wird die Bibelpassage sauber angezeigt. Wenn auch nicht unbedingt der Aufruf einer Bibelstelle, so jedoch die Bildschirmdarstellung läßt deutlich Professionalität erkennen. Der Text besticht durch seine saubere und klar gegliederte Anzeigeform. Wie bei einigen anderen Programmen auch läßt sich bei Elbikon die Schrift für die Bildschirmdarstellung sowie die angezeigten Elemente im Text (Kapitel und Versangaben, usw.) nach eigenem Geschmack des Anwenders umstellen. Das geschieht über das Menü „Optionen".

Druck einer Bibelstelle

Das Einzigartige an Elbikon für Windows ist die Option, beim Ausdruck z. B. einer Bibelstelle, diese nicht nur exakt bestimmen, sondern dieser Bibelstelle auch eine beliebige Windows-Schrift, Schriftgröße und Stil zuweisen zu können. Eine sehr hilfreiche Option, die der Anwender zu schätzen weiß. Der Ausdruck über Elbikon überzeugt weiterhin auch durch die elegante Gliederung des Textes.

Die Darstellung des Bibeltextes in „Elbikon"

Text-Export

Etwas ungewöhnlich für ein Windows-Programm geschieht die Markierung von Textpassagen bei Elbikon. Über das Menü „Bearbeiten", „Block setzen" erscheint ein Richtungspfeil, mit dem Sie einen Absatz oder eine Zeile anklicken können. Anschließend ändert sich die Richtung dieses Pfeils, er zeigt nun nicht mehr nach unten, sondern nach oben; und nun können Sie mit dieser Markierung das Ende des Blocks bestimmen. Den auf diese Weise markierten Textabschnitt können Sie nun über das Menü „Bearbeiten" in die Windows-Zwischenablage kopieren und von dort aus in Ihr Textverarbeitungsprogramm oder Ihre DTP-Anwendung einfügen. Diese Übertragung selbst gelingt mit den typischen Standard-programmen sehr gut.

Konkordanz-, Suchfunktion

Über das Menü „Suchen", „Wortsuche" können Sie wie mit einer Konkordanz arbeitend beliebige Abfragen eingeben. Elbikon sucht aber nicht nur nach einzelnen Worten im Bibeltext, sondern Sie können auch Wörter mit den bekannten Operatoren „und, oder, nicht" verknüpfen. Sogar ganze Sätze können im Abfrage-Fenster eingegeben werden.

Suchergebnis-Anzeige

Das Ergebnis der Suche wird in Form einer Liste von Bibelstellen angezeigt. Mit der Maus können Sie anschließend eine Bibelstellenangabe in der Liste anklicken, und damit wird die dazugehörige Textpassage aufgerufen.

Notizfunktion

Mit „Elbikon für Windows 4.1" können zu jedem Bibelvers eigene Anmerkungen erstellt und verwaltet werden. Neue Anmerkungen können Sie eingeben, indem Sie mit der Maus einen Doppelklick auf die Kapitel-/Versnummer durchführen. Bei bereits bestehenden Anmerkungen wird diese nach dem Doppelklick zunächst angezeigt und kann dann durch Drücken der rechten Maustaste editiert werden, wozu ein besonderes Editorfenster dient.

Abschließend bleibt zu sagen, daß „Elbikon" sicher nicht als Mammut-Bibelarbeitsprogramm wie etwa „Bible-Works" einzustufen ist. Hingegen bietet Elbikon für Windows aber eine klare und optisch ansprechende Bildschirmdarstellung des Bibeltexts und saubere und ausgeklügelte Optionen für den Ausdruck von Textpassagen.

Wer also mehr Wert legt auf bestimmte Bibelausgaben, schnelle Suchoperationen, gute Bildschirmdarstellung und einen optisch ansprechenden Ausdruck, bereits aus dem Bibelprogramm heraus, der liegt mit Elbikon richtig.

Systemanforderungen: Sie benötigen einen IBM-PC 386 kompatiblen Computer mit Windows 3.1 oder höher, Festplatte mit mindestens 10 MB freiem Speicherplatz (je nach Bibeltext) und mindestens 4 MB RAM.

Info:
Brunnen-Verlag GmbH
Gottlieb-Daimler-Str. 22
35398 Gießen
Tel.: (0641) 6059-21
Fax: (0641) 6059-40

„Elbikon für Windows" mit der „Einheitsübersetzung der Bibel"

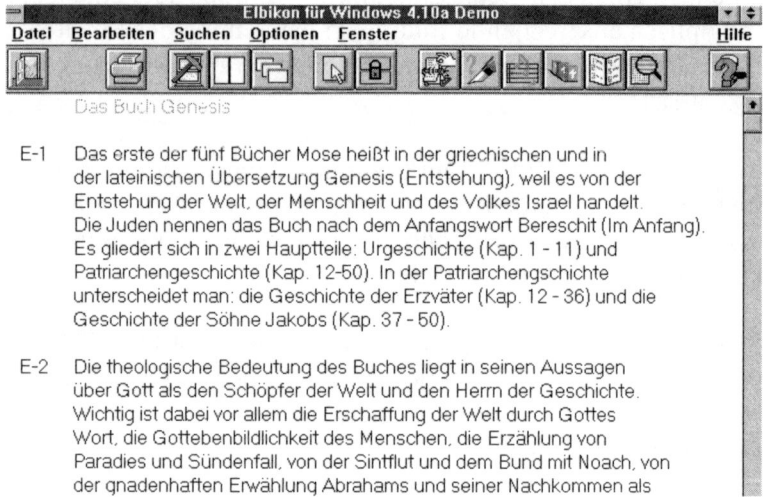

Die Einheitsübersetzung der Heiligen Schrift ist ebenfalls mit „Elbikon für Windows 4.1" erhältlich. Neben den Apokryphen enthält die Einheitsübersetzung zusätzlich zum Bibeltext auch einige Kommentare, beispielsweise als Einleitung in die verschiedenen Bücher der Bibel. Es gibt eine Diskettenversion (5 Disketten / 3.5 Zoll) und eine CD-ROM-Version. Beide Ausgaben kosten jeweils 198 DM. Auf Wunsch kann für 10 DM eine Demoversion erworben werden.

Info:
Verlag Katholisches Bibelwerk GmbH
Silberburgstraße 121
70176 Stuttgart
Tel.: (07 11) 6 19 20 37
Fax: (07 11) 6 19 20 44

Das Sprachenwunder:
Bible Works für Windows

Ein Ausruf der Entzückung wurde laut, als wir hier die neue Version von „Bible Works" für Windows testeten. Endlich scheint sich der Traum vieler Anwender von Computer-Bibeln zu erfüllen. Der Bibeltext, sozusagen interlinear, in zwei deutschen Ausgaben sowie griechisch (Nestle Aland, Septuaginta, u. a.) oder hebräisch (Biblia Hebraica) oder lateinisch (Vulgata) parallel nebeneinander auf dem Bildschirm.

Der griechische Text läßt sich in verschiedenen Ausgaben auswählen, so unter anderem der „Nestle Aland Ausgabe" in der 27. Fassung. Die Akzentuierung in der griechischen und hebräischen Sprache unter Windows läßt keine Wünsche offen. Sowohl die Bildschirmdarstellung wie auch der Druck sind perfekt.

Mehr als 15 verschiedene Ausgaben der Bibel, grammatische Sprachanalysen, Konkordanzen, Lexika und exegetische Hilfsmittel, wahlweise als Diskettenversion oder auf CD-ROM.

Wäre da nicht der etwas zu hohe Preis (ca. 450 DM), so würden wir sagen, dieses Programm sollte jeder erwerben.

Da das Programm — abgesehen von den deutschen Bibeltexten (Luther- und Elberfelder Bibel) — jedoch zumeist in englischer Sprache ist, empfiehlt sich der Einsatz dort am ehesten, wo man auf exaktes Arbeiten mit den altsprachlichen Texten Wert legt. Insbesondere für den Einsatz an Schulen dürfte der Preis gerechtfertigt sein, bedenkt man den enormen Arbeitsaufwand, der hierin steckt. Während einige der fremdsprachlichen Texte in der neuesten Fassung vorliegen, war man wohl bei der Vergabe der Lizenzen für die deutschen Bibeltexte in den Verlagshäusern

etwas zurückhaltend. Daher finden wir auf der CD auch nur den
Luthertext von 1912 und den Elberfelder Text von 1905. Besonders für missionarische Einrichtungen im Ausland bietet „Bible
Works" sicher interessante Anregungen. In den nächsten ein bis
zwei Jahren sollen auch chinesische, koreanische, japanische und
weitere fremdsprachige Bibeltexte hinzukommen. Zur Zeit ist
Bible Works von der Firma Hermeneutika eins der ganz wenigen
Computerprogramme, das eine Lizenz für die aktuellen Ausgaben der Biblia Hebraica Stuttgartensia und des Novum Testamentum Graece bekommen hat.

Sie können während der Arbeit am Computer wählen, mit
welchen der Bibeltexten Sie gleichzeitig arbeiten wollen. „Bible
Works" wird mit Dutzenden verschiedener Texte auf CD, sowie
den zugehörigen TrueType- und PostScript-Schriften und einem
ausführlichen Handbuch ausgeliefert.

Sie können in nahezu alle Textprogramme unter Windows
problemlos aus Bible Works exportieren.

Hinter Bible Works stehen mehr als fünf Jahre Entwicklungs-
arbeit der Firma Hermeneutica. „Hermeneutica" ist übrigens
eine Wortschöpfung aus dem griechischen „he hermeneutice"
was soviel bedeutet wie „interpretieren" oder „auslegen" [He-
bräer 7,2] und dem griechischen Wort „he techne", welches
für Technik oder Wissenschaft steht [Apostelgeschichte 18,2].
„He techne" findet sich auch in unserem deutschen Lehnwort
„Technik" wieder.

Der Anwender, der mit Bible Works arbeitet, kann auch seine
eigenen Predigtnotizen hiermit verwalten. Texte mit bis zu 500
Seiten Länge sind möglich.

Info:
Hermeneutica Software
PO Box 2200
Big Fork MT 59911-2200
USA

Bible Works enthält verschiedene Ausgaben der Bibel

Preiswertes Programm für jedermann:

Bibel Plus

Elberfelder Bibel und PC-Bibelprogramm

Das komplette Paket bestehend aus gedruckter Bibel und einer Computerbibel mit dem neuesten revidierten Elberfeldertext inklusive Suchprogramm ist im Sommer 1995 erschienen. Neu ist aber auch der revolutionäre Preis dieses Pakets für insgesamt nur 39 DM. Erhältlich ist dieses Spitzenangebot in allen christlichen Buchhandlungen oder direkt beim R. Brockhaus Verlag in Wuppertal.

Wünschenswert wäre es, wenn nun auch andere Bibelstiftungen, wie die Deutsche Bibelgesellschaft in Stuttgart oder die Katholische Bibelstiftung Stuttgart, mit preiswerten Computerausgaben der Heiligen Schrift nachsetzen würden. Denn schließlich heißt es im Vorwort meiner alten Konfirmationsbibel von 1964 noch: Es ist das Ziel der Bibelgesellschaft, die Bibel möglichst preiswert allen zur Verfügung zu stellen.

Daß es trotz des günstigen Angebots dem Programmpaket nicht an der erforderlichen Qualität fehlt, ist um so erfreulicher. Auf nur zwei HD-Disketten im 3,5 Zoll-Format hat inzwischen der komplette Bibeltext inklusive dem Suchprogramm Platz gefunden. Hier spüren wir etwas von der sorgfältigen Programmierarbeit von Dipl. Ing. Matthias Frey, der mit großer Sorgfalt und Nüchternheit das Programm so leistungsfähig wie möglich und so einfach wie nötig gestaltet hat. Alle wichtigen Funktionen, wie etwa die Textsuche nach Bibelstellen bzw. Suchbegriffen (Konkordanz) und der Export der Suchlisten, sind in „Bibel Plus" enthalten. Dennoch ist das Programm auch für Einsteiger leicht zu erlernen. Für die Ausarbeitung von Andachten oder Predigten können mit „Bibel Plus" auch einfache Texte erstellt werden. Der

Betrieb von „Bibel Plus" unter Windows 3.1 oder Windows 95 ist
ebenfalls unproblematisch. Unter Windows läuft das Bibelprogramm jedoch nur in einem DOS Fenster. Sie können dadurch
also die Funktionen der Windows Zwischenablage benutzen und
auch „Bibel Plus" im Multitasking-Betrieb mit Ihrer Windows-
Textverarbeitung einsetzen, es bleibt jedoch ein MS-DOS Programm. Besonders geeignet ist „Bibel Plus" daher auch für Notebooks und selbst auf älteren Personal Computern läuft das
Programm hervorragend. Wer hingegen zu den Multimedia-
Freaks gehört oder ein eingefleischter Fenster-(Windows) Anhänger ist, dem bietet der R. Brockhaus Verlag mit den Programmen „Elbiwin" oder dem „Lexikon zur Bibel" (inklusive Grafiken
und der kompletten revidierten Elberfelder Bibel plus Such- und
Arbeitsprogramm) auf CD-ROM typische Windows-Anwendungen an. „Bibel Plus" ist hingegen hervorragend geeignet für
Einsteiger oder für „spartanische" Personal Computer, wie z. B.
Notebooks. Als Redaktion empfehlen wir „Bibel Plus" auch als
Geschenk für verschiedenste Anlässe wie Kommunion, Konfir-
mation, Geburtstag usw.

Die Bedienung von „Bibel Plus" erfolgt über eine Standard-
Menüführung. Über die Menüleiste können so alle Funktionen
aufgerufen werden. Die Suchabfragen erfolgen präzise und blitz-
schnell, wie man es von einem modernen Computerprogramm
erwartet.

Info:
R. Brockhaus Verlag
Postfach 22 20
42781 Haan
Tel. (0 21 04) 96 86 00
Fax (0 21 04) 96 86 01

Online Bibel

CD-ROM-Version

Aus Kanada stammt die Idee zur Online Bibel. Viele ehrenamtliche Mitarbeiter haben dazu beigetragen, daß auf der aktuellen CD-ROM-Ausgabe nun eine komplette theologische Bibliothek mit mehr als zwölf verschiedensprachigen Bibelausgaben in
deutsch, russisch, englisch, französisch, spanisch, finnisch u. a.
vorliegt, außerdem eine schier endlos erscheinende Menge an
Kommentaren und Studienhilfen zur Bibel. Allerdings war dies
nur möglich, indem man zumeist auf Textausgaben auswich, die
älter als 70 Jahre sind. Das Urheberrecht verfällt im allgemeinen
70 Jahre nach dem Tod des Urhebers, und so wird das Werk
kopierfrei. In einigen Fällen liegen jedoch mit Einverständnis
verschiedener Verlagsanstalten auch modernere Texte vor. Die
CD-ROM hat inzwischen einen deutschen Bedienungsteil bekommen und enthält sowohl den Luthertext von 1912 als auch
den Elberfelder Text in der alten unrevidierten Fassung. Den
neuen revidierten Elberfelder Text kann man zusätzlich erwerben. Das übrige Werk auf der CD ist leider zumeist in englischer
Sprache und daher wohl nicht jedem zugänglich.

Auch eine unvokalisierte Ausgabe des hebräischen Bibeltextes (Codex Leningradensis) sowie verschiedene kopierfreie Ausgaben des griechischen Neuen Testaments (z. B. der byzantini-
sche Text) sind integriert. Zur Zeit noch einzigartig ist der integrierte Strongsapparat (englisch), der es jedem Laien erlaubt,
sich zusätzlich zum Bibeltext die Begriffe aus den ursprachlichen
Bedeutungen heraus erklären zu lassen. Der Strongsapparat
ist ein theologisches Begriffslexikon vom feinsten, wenn auch
nur in englisch. Zu jedem Vers können eigene Notizen gemacht
werden oder der Bezug zu den mehr als zehn integrierten Aus-

legungen/Kommentaren (englisch) angezeigt werden. Ebenso einzigartig sind die über 600.000 Parallelstellenverweise innerhalb der Bibeltexte (Dieses Modul funktioniert auch mit den deutschen Texten). Aufgrund der ehrenamtlichen Mitarbeiterstruktur ist mit weiteren deutschen Modulen wohl nicht vor 1997 zu rechnen. Zuletzt ist 1996 eine Windowsoberfläche für die Online-Bibel erschienen.

Der Preis für die CD erscheint mit 78 DM eigentlich günstig, bedenkt man jedoch, daß es sich zumeist um Freeware handelt und die CD in den USA mit Handbuch nur 19 Dollar kostet, ist er vielleicht doch noch etwas zu hoch.

Info:
R. Brockhaus Verlag
Postfach 22 20
42781 Haan
Tel. (0 21 04) 96 86 00
Fax (0 21 04) 96 86 01

Lexikon zur Bibel

CD-ROM

Nachdem in den letzten 35 Jahren das „Lexikon zur Bibel" von Fritz Rienecker zu einem Standardwerk für viele Christen geworden ist, hat der R. Brockhaus Verlag diesen Klassiker nun anhand der neuesten wissenschaftlichen Forschungsergebnisse neu überarbeitet und bietet das „Lexikon zur Bibel" nun wahlweise als Buch oder Computer-Programm an.

Wahrhaftig ist der Computer hier eine große Hilfe, um sich in dem umfassenden Werk mit über 6000 Artikeln auf mehr als 1500 Seiten (in der gedruckten Ausgabe) zurecht zu finden. Zudem können mit dem Computer-Programm die Kommentare direkt in die eigene Textverarbeitung übernommen werden. Als Suchprogramm für das „Lexikon zur Bibel" dient die Software: Folio News. Th. Kuchem, der selbst lange Zeit für den EDV-Bereich im R. Brockhaus Verlag zuständig war, hat die Übertragung des Textes in das Folio System vorgenommen. Die CD-ROM-Ausgabe wurde von Dipl. Ing. Matthias Frey bearbeitet, der auch als Programmierer von „Elbiwin" und „Bibel Plus" bekannt ist.

Das „Lexikon zur Bibel" ist nach der elektronischen Public-Domain-Ausgabe des ehemals im Kreuzverlag erschienenen Buchs „Grundwissen für Christen" des ehemaligen Bochumer Fachhochschulprofessors Günter Hegele das erste umfangreiche theologische Werk, welches in deutscher Sprache auf Disketten erschienen ist. Wenn man die vielen englischen Kommentare zur Bibel auf Disketten kennt, dann hat man dieses deutsche Werk sicher lange herbeigesehnt.

Im Lexikon zur Bibel erfahren Sie alles über Orte, Personen und Sachbegriffe, die in der Bibel erwähnt werden. Bei etwa 6000 Artikeln wird wohl kaum eine Frage offen bleiben. Die Überarbeitung des Lexikons zur Bibel, in der neuen Ausgabe, wurde von Gerhard Maier vorgenommen. Erschienen ist das Werk, wie bereits erwähnt wurde, im R. Brockhaus Verlag, Wuppertal und Zürich 1995.

Das Lexikon zur Bibel ist für Windows geschrieben worden. So sind natürlich auch alle Unterstützungsmöglichkeiten, die uns Windows aufschließt, möglich. Dazu gehören die Online-Hilfe- Funktion, ebenso wie die bequeme Mausbedienung, die Übersichtlichkeit der grafischen Benutzeroberfläche ebenso wie die fantastischen Möglichkeiten des Textexports. Sie können im Lexikon zur Bibel am Bildschirm lesen, mit den Suchverknüpfungen arbeiten, sich Texte ausdrucken, oder eben ganze Abschnitte in Ihre eigenen Dokumente integrieren. Bei der Suche können Sie abgesehen von den Such-Schlagwörtern / Kapitelüberschriften auch nach Begriffen innerhalb der Texte suchen. So finden wir beispielsweise den Begriff „Seelsorge" auch in einem Abschnitt über den Dienst der Ältesten (Presbyterium) oder der Bischöfe.

Das Suchprogramm zum Lexikon zur Bibel, Folio VIP, ist sowohl mittels der für Windows üblichen Menüzeile: „Datei", „Bearbeiten", „Fenster"..., als auch über Icons auf einer Button-Leiste zu bedienen. Als Hilfe zur Einarbeitung stehen dem Anwender neben dem gedruckten Handbuch und der Online Hilfe auch ein Lernprogramm zur Verfügung. Da die Möglichkeiten des Folio VIP Suchprogramms recht vielfältig sind, ist dieses Lernprogramm empfehlenswert.

Im „Lexikon zur Bibel" haben Sie auch die Möglichkeit, eigene Notizen zu den Artikeln hinzuzufügen. Allerdings bleibt das Original selbst dabei unverändert, es werden lediglich Sprungmarken im Text hinterlegt, so daß Sie per Tastenanschlag automatisch zu ihrer entsprechenden Notiz gelangen.

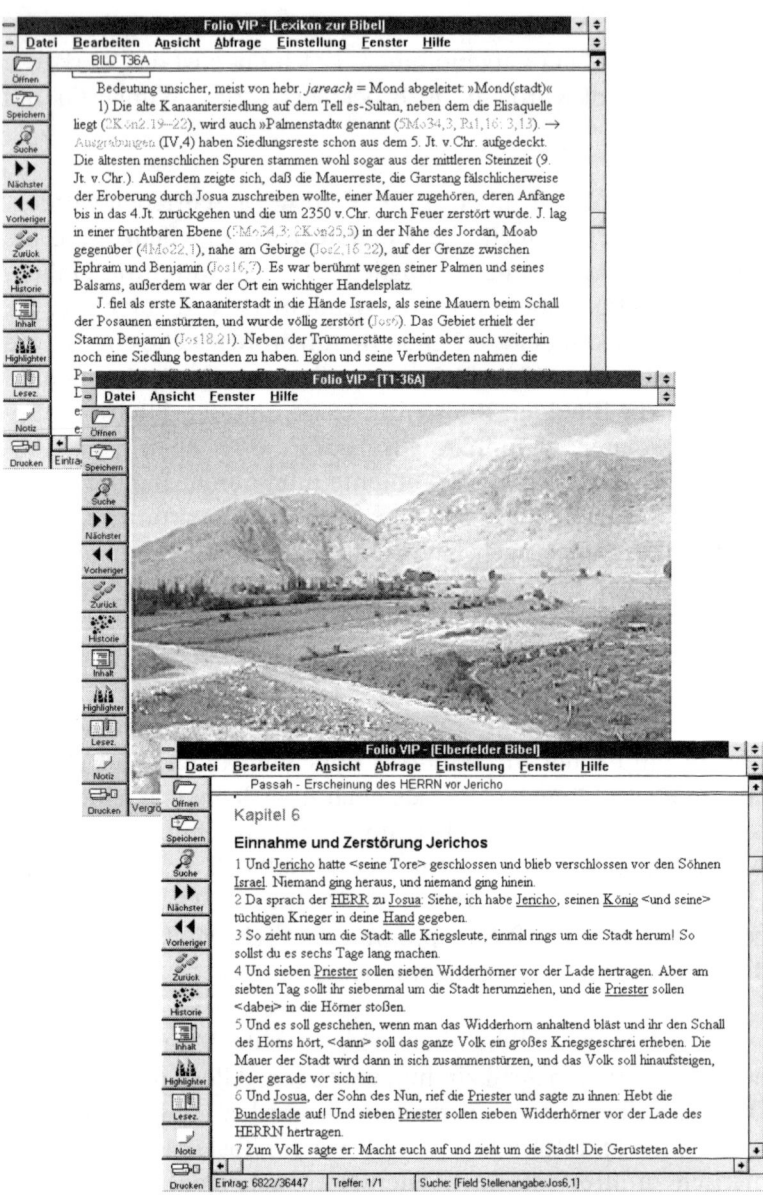

Wer viel und gern liest, hat sich unter Umständen angewöhnt, in seinen Büchern mit Unterstreichungen, Markierungen usw. zu arbeiten, was für viele unabdingbar zu sein scheint. Wie sagte doch schon Pfarrer Wilhelm Busch sinngemäß in seinem Bestseller „Jesus, unser Schicksal": „Die Frau hier, deren Bibel so herrlich zerlesen ist, die möchte ich heiraten." Was wohl soviel bedeuten sollte wie: „am Aussehen der Hausbibel erkennt man, wie oft sie gelesen wird". Allerdings geschieht dieses „Markieren" auf dem Computer natürlich sehr viel eleganter. Im Lexikon zur Bibel können Sie z. B. die Farbe auswählen oder auch Textattribute vergeben wie fett, kursiv, unterstrichen, selbst verschiedene Schriftarten sind möglich. Im Gegensatz jedoch zu gewöhnlichen Textmarker-Stiften, wo Sie markierte Stellen selbst suchen müssen, können Sie mit der Software ihre Highlighter suchen lassen. Sie können nach bestimmten Wörtern suchen, die mit einem bestimmten Highlighter markiert wurden.

Eine andere Funktion in der VIP-Software, die uns auch von den gedruckten Büchern her bekannt ist, ist die Verwendung von Lesezeichen. Über die Button-Zeile können Sie an jede denkbare Stelle Lesezeichen setzen, ebenso wie Sie über das betreffende Button auch eine Liste der im Text eingefügten Lesezeichen angezeigt bekommen, um darüber dann irgendeine Stelle anzusteuern.

Übrigens können Sie die Button-Leiste auch frei gestalten. Neben den vom Verlag vorgenommenen Sprungverweisen, sogenannten Hyperlinks, können Sie auch eigene Verknüpfungen innerhalb des Lexikons zur Bibel generieren.

Das „Beste" an der CD-ROM-Ausgabe des „Lexikon zur Bibel" ist natürlich die umfangreiche Information aus rund 6000 Lexikonartikeln, zuzüglich Illustrationen und des gesamten (!) Bibeltextes (Elberfelder Bibel, neueste Ausgabe). Wer kennt nicht die kleinen Verweisstellen in einem gedruckten Bibellexikon, die den Leser auf die im Artikel angesprochenen Bibelstellen hinweist. Manchmal zehn bis zwanzig Bibelverweise werden hier aneinandergereiht. Gerade hier ist die CD-ROM eine einmalige Hilfe. Mit einem Mausklick wird die Bibelstelle hier sofort angezeigt, und das viele Nachschlagen entfällt. Lexikon und Bibel verschmelzen zu einem kraftvollen Hilfsmittel und werden durch die Farbfotos und Grafiken lebendig. An den Farbfotos begeistert uns die exzellente Auflösung. Die Bilder liegen in echter Fotoqualität vor und kommen gerade auf hochauflösenden Farbbildschirmen hervorragend heraus.

Die CD-ROM-Ausgabe des „Lexikon zur Bibel" läuft unter Windows 3.1. Um die Farbfotos richtig darzustellen, ist eine hochauflösende Grafikkarte mit 1 MB RAM zu empfehlen. Preis: 198 DM

Info:
R. Brockhaus Verlag
Postfach 22 20
42781 Haan
Tel. (0 21 04) 96 86 00
Fax (0 21 04) 96 86 01

Bibelatlas für Windows

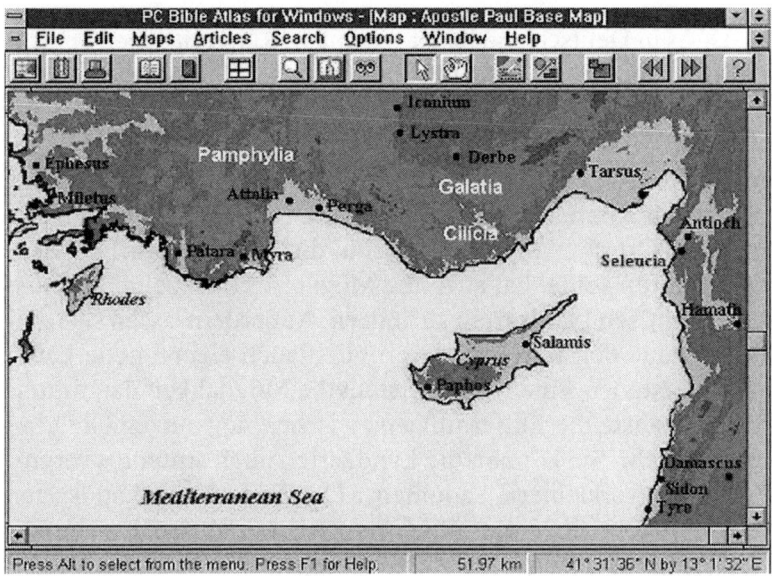

Obwohl in englischer Sprache verfaßt, ist der PC-Bibelatlas durch seine einfache Windows-Bedieneroberfläche auch für deutsche Anwender sehr interessant.

Auf 100 farbigen und hochauflösenden VGA-Landkarten werden die biblischen Erzählungen in ihrem grafischen Umfeld lebendig. Der Nutzer kann sich Abrahams Wanderung ebenso ansehen wie die Reisen des Paulus. Die Landkarten sind in Schwarzweiß und in Farbe ausdruckbar. Mit Laser- oder Farbtintenstrahldruckern lassen sich Overheadfolien und andere Unterrichtsmaterialien erstellen.

Einen besonderen Leckerbissen stellen die in dem Programm integrierten 1500 Lexikonartikel zu den biblisch-geographischen

Orten dar. Sie werden über archäologische wie auch über allgemeine und biblische Hintergründe informiert.

Da es in Deutschland leider — gemessen am britischen Sprachraum — nur wenig christlich interessierte Computeranwender
gibt, lohnt sich für die Herausgeber zur Zeit der Übersetzungs-
aufwand vermutlich noch nicht. Dennoch ist es selbst in englischer Sprache bereits ein wundervolles Hilfsmittel für unsere
deutschen Kirchengemeinden. Wer sich an den englischen Namen der Ortschaften (zum Teil sind die Namen natürlich identisch) stören sollte, hat auch die Möglichkeit, einzelne Bezeich-
nungen in den Landkarten zu ändern. Außerdem lassen sich auf-
bauend auf den Kartenhintergründen auch eigene neue Landkarten erstellen.Eine Krönung stellt die Möglichkeit dar, mittels
der Maustaste die Entfernungen zwischen den einzelnen Orten
zu ermitteln. Sie können die Landkarten auch stufenlos vergrö-
ßern oder verkleinern, „zoomen". Der Export von Landkarten
oder Artikeln über die Windows-Zwischenablage harmoniert
hervorragend mit anderen Anwendungen wie Word, PageMaker,
Starwriter usw. Das Programm ist insgesamt gesehen sehr empfehlenswert. Selbst wenn uns der Urlaub noch nicht ins Heilige
Land geführt hat, wird uns die Landschaft auf diese Weise doch
erheblich vertrauter. Es gibt den PC Bible Atlas für DOS und für
Windows.

Herausgeber ist die Firma Parsons Technology in den USA.
Der PC Bibelatlas für Windows kostet 135 DM.

Info:
R. Brockhaus Verlag
Postfach 22 20
42781 Haan
Tel. (0 21 04) 96 86 00
Fax (0 21 04) 96 86 01

Verwaltung

Software für die Verwaltung im Pfarramt

Macht es für eine Kirchengemeinde mit einer Durchschnittsgröße von weniger als 4000 Gemeindegliedern einen Sinn, Computer in der Verwaltung einzusetzen? Vor nicht allzulanger Zeit gab es in vielen Kirchengemeinden noch nicht einmal eine Pfarrsekretärin, oft mußte der Pfarrer die Verwaltungstätigkeit allein ausüben. Heute gibt es Teilzeitkräfte, die ihm dabei zur Seite stehen. Die Frage, ob man Computer als Hilfe einsetzen sollte, beschäftigt derzeit viele Gemeinden.

In Firmen der Privatwirtschaft wurden Computer u. a. deshalb eingeführt, um Personal abbauen zu können. Soll hier nun auch in den Kirchengemeinden der Arbeitsdruck auf Verwaltungsangestellte erhöht werden?

Laufen wir nicht Gefahr, daß in Zukunft die Computertechnik selbst im kirchlichen Bereich den Menschen zu beherrschen droht? Mittels moderner Computertechnik entsteht nur zu oft die Gefahr des „gläsernen" Menschen, sollte die Kirche da mitmachen?

Solche und weitere Fragen bewegen die Kirchenmitarbeiter seit Beginn des Personal Computer-Zeitalter. Inzwischen jedoch ist der Computer zu einem Gebrauchsgegenstand geworden, ähnlich der Schreibmaschine, ohne die man zum Beispiel im Briefverkehr nicht mehr auskommt: Druckvorlagen, Serienbriefe, Textbausteine, gestalterische Möglichkeiten — wer mag hierauf noch verzichten?

Auch bei anderen Verwaltungstätigkeiten, wie z. B. dem kirchlichen Meldewesen, der Finanzverwaltung u. a. ist der Computer eine große Arbeitserleichterung. Vielerorts werden die aktuellen Änderungen im Meldewesen, wie Zuzug neuer Mitglieder u. a. bereits online mit den Verwaltungen ausgetauscht. Auch die automatische Bankverwaltung wird in vielen Kirchengemeinden schon eingesetzt. Stellen Sie sich einen kirchlichen Kindergarten mit 200 Kindern vor. Mit einem Knopfdruck können sämtliche Beiträge für die 200 Kinder im Bankeinzugsverfahren abgebucht werden.

Ein besonders sensibler Bereich ist im kirchlichen Umfeld der Umgang mit dem Datenschutz. Hier gibt es in Deutschland strenge Kriterien, die zwingend eingehalten werden müssen. Die Angst vor dem Datenmißbrauch hat die Kirchen auch längere Zeit davon abgehalten, im großen Maßstab auf Personal Computer umzurüsten. Das ist heute jedoch etwas anders geworden. Wenn man die Schutzbestimmungen für den Umgang mit personenbezogenen Daten gewissenhaft beachtet, dann steht dem Einsatz der Büro-Computer auch in den Kirchen nichts mehr im Wege.

Nachdem in den vergangenen Jahren viele Kirchen mit Computern ausgestattet wurden, ergab sich ein neues Problem. Es entwickelten sich mancherorts eigene Hardware- und Softwarelösungen in den Kirchen, die oft stark von den säkularen Verwaltungsprogrammen abwichen und mit der rasanten Weiterentwicklung in diesem Umfeld nicht mithalten konnten. Das Bestreben aus den Anfangsjahren der Computertechnik, in der manche Firmen versuchten durch aufeinanderaufbauende hauseigene Lösungsansätze die Kunden an sich zu binden, hatte keinen langen Bestand. Die große Konkurrenz in der Computertechnik, die explosionsartigen Fortschritte, die jährlich zu hohem Preisverfall und neuen Verbesserungen führten, machen es jenen schwer, die noch glauben, daß Computertechnik pro Arbeitsplatz viele Tausend Mark kosten müsse. Heute ist die Kompatibilität der

Rechner zu einem wichtigen Kaufkriterium geworden. Insellö-
sungen haben hier keine Chance mehr. Auch kirchliche Verwal-
tungsprogramme müssen dem Rechnung tragen. Derzeit gibt es
einige innovative Ansätze. So sei an dieser Stelle auf Programme
wie MSA-Maus oder Sinfonie hingewiesen, die sich problemlos
in bestehende Officelösungen einbinden lassen. Hier ist die Aus-
tauschbarkeit der Daten mit anderen vorhandenen Programmen
gegeben und eine sehr einfache Bedienung über die üblichen
Windowsmenüs wird auch gewährleistet. Der Funktionsumfang
dieser Programme läßt kaum Wünsche offen, und wenn dann
auch noch der Preis stimmt...

MSA-Maus

Gemeindegliederverwaltung

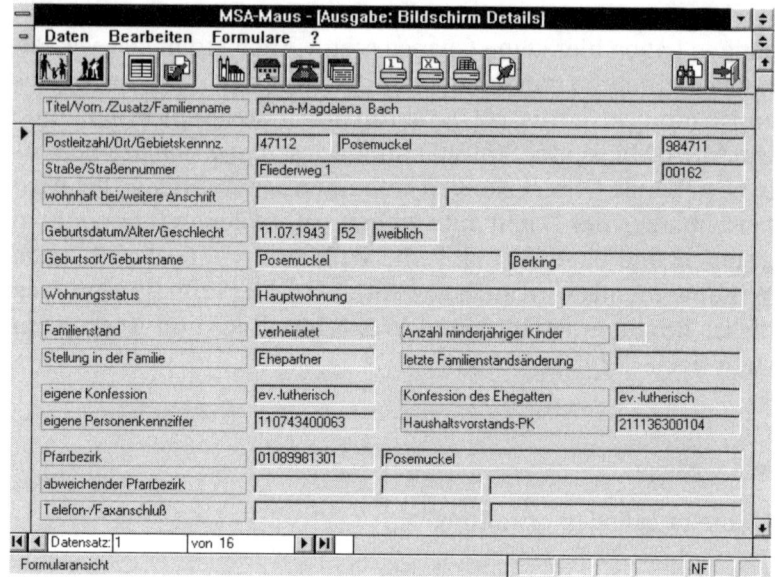

Der MSA-Maus-Ausgabe-Bildschirm

Das Programm MSA-Maus ist ein Gemeindemitgliederverwaltungsprogramm unter Windows, das auf der Basis der Datenbank MS-ACCESS entwickelt wurde. MSA-MAUS ist erst zwei Jahre jung, in dieser kurzen Zeit wurden bereits mehr als 1000 Programmlizenzen verkauft. Besonders im norddeutschen Raum, aber auch in anderen Regionen, hat es sich zu einem Standard entwickelt. MSA-MAUS wird vom kirchlichen Rechenzentrum in Hannover entwickelt und vertrieben.

Das Gemeindemitgliederverwaltungsprogramm zeichnet sich durch seine bedienerfreundliche und übersichtliche Windowsoberfläche aus. Alle Vorteile, die Windowsanwendungen bieten, sind in MSA-MAUS realisiert (Pull-Down-Menüs, Icons, Symbolleisten etc.).

MSA-MAUS stellt Ihnen folgende Funktionen zur Anzeige der Gemeindemitgliederdaten zur Verfügung: Zugriff über frei kombinierbare Suchbegriffe, Anzeige der Daten in Detail- und Listendarstellung in verschiedenen Sortierungen, Anzeige von Familienverbänden, Anzeige aller Änderungen seit der letzten Datenübermittlung, Anzeige der Verstorbenen und Verzogenen, Organisation über Regionalstrukturen.

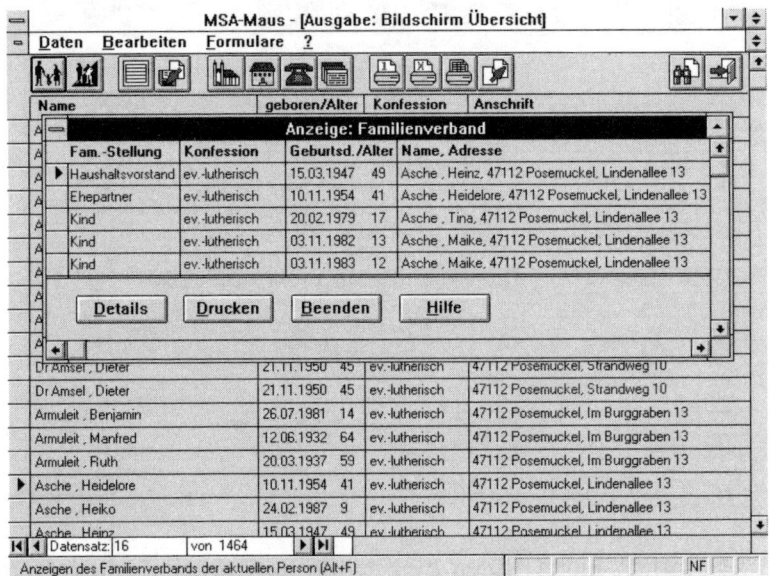

Anzeige des Familienverbandes

In MSA-Maus werden Ihnen mit einem Knopfdruck die familiären Beziehungen eines Haushalts aufgezeigt. Viele Familien sind heute sogenannte Mischehen, das heißt, ein Ehegatte ist beispielsweise katholisch und der zweite ist evangelisch. Dadurch sind die familiären Daten nicht immer automatisch mit bekannt. Todesfälle zum Beispiel berühren unabhängig von der Kirchenmitgliedschaft die gesamte Familie.

Mit MSA-MAUS können Sie Ihre Gemeindemitgliederdaten ergänzen und korrigieren. Dazu werden u.a. folgende Funktionen angeboten: Erfassung zusätzlicher Personen und Institutionen, Änderung fehlerhafter Personendaten, Eingabe von Amtshandlungsdaten, Zuordnung von Personen zu Verteilerkreisen und das Erfassen von Telefonnummern.

MSA-Maus - [Ausgabe: Bildschirm Übersicht]			
Daten Bearbeiten Formulare ?			
Kurzsatz			
Name	**geboren/Alter**	**Konfession**	**Anschrift**
Abraham-Gebrüll , Bernd	06.04.1949 47	verschieden	47110 Musterhausen, Im Sumpf 4
Adam , Eva	21.01.1934 62	verschieden	47110 Musterhausen, Auf der Reeperbahn 11
Adamo , Angelika	23.08.1952 43	ev.-lutherisch	47112 Posemuckel, Hafenstraße 5
Adamo , Karl-Heinz	15.08.1946 49	verschieden	47112 Posemuckel, Hafenstraße 5
Adamo , Maik	20.02.1976 20	ev.-lutherisch	47112 Posemuckel, Hafenstraße 5
Adler , Heinz	15.03.1951 45	ev.-lutherisch	47110 Musterhausen, Bahnhofstraße 10
Adler , Sabine	05.10.1958 37	ev.-lutherisch	47110 Musterhausen, Bahnhofstraße 10
Albertz , Mandy	17.02.1978 18	verschieden	47112 Posemuckel, Im Burggraben 24
Albertz , Michael	05.11.1957 38	verschieden	47112 Posemuckel, Im Burggraben 24
Ammer , Marie-Kathleen	15.05.1984 12	ev.-lutherisch	47112 Posemuckel, Strandweg 10
Dr Amsel , Dieter	21.11.1950 45	ev.-lutherisch	47112 Posemuckel, Strandweg 10
Dr Amsel , Dieter	21.11.1950 45	ev.-lutherisch	47112 Posemuckel, Strandweg 10
Armuleit , Benjamin	26.07.1981 14	ev.-lutherisch	47112 Posemuckel, Im Burggraben 13
Armuleit , Manfred	12.06.1932 64	ev.-lutherisch	47112 Posemuckel, Im Burggraben 13
Armuleit , Ruth	20.03.1937 59	ev.-lutherisch	47112 Posemuckel, Im Burggraben 13
Asche , Heidelore	10.11.1954 41	ev.-lutherisch	47112 Posemuckel, Lindenallee 13
Asche , Heiko	24.02.1987 9	ev.-lutherisch	47112 Posemuckel, Lindenallee 13
Asche , Heinz	15.03.1947 49	ev.-lutherisch	47112 Posemuckel, Lindenallee 13

Datensatz: 1 von 1464

Berechnung läuft ... NF

Natürlich bietet Ihnen eine moderne Gemeindegliederverwaltung auch vielfältige Möglichkeiten der Auswertung der Daten über Listen, Formulare, Etikettendruck und andere Optionen. Bei MSA-MAUS sind dies zum Beispiel fertige Formulare für Spendenbescheinigung, Dimissoriale, Patenschein und Taufmeldungen. Der Ausdruck geschieht auch als Listendruck (Geburtstags-, Verstorbenen- und Zugezogenenliste, Altersstatistik, Konfessionsstatistik etc.), oder als Karteikarten. Desweiteren gibt es die Möglichkeit, die Daten an andere Programme wie WinWord oder Excel weiterzugeben.

Mit MSA-MAUS können die aktuellen Bestandsdaten automatisch mit den monatlichen Änderungen abgeglichen werden. Dazu gehört auch der Ausdruck der in Kirchen häufig auftretenden Differenzen zwischen kirchlichen und kommunalen Daten.

Der Schutz der persönlichen Gemeindegliederdaten hat bei einem kirchlichen Verwaltungsprogramm höchste Priorität. Dies ist in MSA-MAUS realisiert durch: die Vergabe von Paßwörtern, die Möglichkeit zur Einschränkung der Zugriffsrechte und die Aufzeichnung aller Zugriffe.

Hardwarevoraussetzung: mindestens ein 486 DX2 (66 Mhz) Prozessor, mindestens 8 MB RAM (idealerweise 16 MB) und ein Festplattenbedarf von ca. 2 MB für je 1000 Gemeindemitglieder.

Der Preis für das MSA-MAUS Programm beträgt 500 DM pro Lizenz und 24 DM für ein Handbuch.

Das Kirchliche Rechenzentrum Hannover bietet zusätzlich zu MSA-MAUS auch weitere Dienstleistungen wie Seminare für Programmnutzer usw. und einen Hotline-Service sowie die Fernwartung per Telefonleitung und Modem an.

Info:
Kirchliches Rechenzentrum Hannover
Kurt-Schumacher-Straße 24
30159 Hannover
Fax: (05 11) 1 24 01-199

Sinfonie — Verwaltung für christliche Werke

Zur Lösung der verschiedensten Aufgaben werden zur Zeit meist jeweils unterschiedliche EDV-Programme eingesetzt. Die leidvolle Erfahrung, daß diese Programme oft nicht untereinander harmonisieren (Schnittstellenproblem), bzw. daß eine Datenänderung (z. B. Anschriftenänderung) eine Eingabe in mehrere Programme erfordert, haben die meisten Anwender häufig genug gemacht.

Diese Zeiten sind vorbei. Die Firma SHI (Systemhaus für Integration) bietet mit SINFONIE (= Bedeutung!) eine Softwarelösung an, welche die verschiedenen Aufgabenbereiche einer Einrichtung in einem einzigen Programm zusammenfaßt. Diese volle Integration ermöglicht es dem Anwender, alle seine Daten wirklich nur einmal einzugeben, um sofort danach in allen Bereichen wieder auf dem neuesten Stand zu sein.

Am Beispiel von SINFONIE, das in vielen Missionswerken mit Erfolg im Einsatz ist, sollen einige der vielfältigen Möglichkeiten kurz erläutert werden.

SINFONIE läuft unter Windows und verfügt über eine einheitliche Benutzeroberfläche in den verschiedenen Aufgabenbereichen. Zum Leistungsspektrum von SINFONIE gehört neben einer umfangreichen Adressen- und Personenverwaltung mit integrierter Korrespondenzverwaltung und einer äußerst komfortablen Spendenverwaltung auch eine professionelle Finanzbuchhaltung ebenso wie die Versandmöglichkeit von Infopost und Zeitschriften. Alle Informationen zu einer Person (z. B. Adresse, persönliche Daten, Ansprechpartner [bei juristischen Personen], Telefonverbindungen, Korrespondenz, beliebige Merkmale [Klassifizierung], Beziehungen zu anderen Personen, Spenden, gewünschte Abos, Termine u.v.m.) werden durch die Integration der Aufgabenbereiche nur einmal erfaßt und können für beliebige Auswertungen genutzt werden. Verschiedene Schutz-rechte regeln den genauen Zugriff auf die Daten durch die ein-zelnen Nutzer von SINFONIE in einer Einrichtung. Das durch-gängige Integrationskonzept macht es z. B. möglich, daß die gesamte Korrespondenz zu einer Person direkt im Fenster zu dieser Person erscheint. Da MS-WinWord voll in SINFONIE integriert ist, öffnet ein Doppelklick auf den Namen eines Briefes sofort dieses Dokument zur Bearbeitung. Die Spendenverwal-tung ermöglicht eine Buchung von Spenden (personenbezogene Vorschlagswerte sind möglich) und allen anderen Buchungsvor-gängen (mit und ohne OP-Ausgleich) in einem Formular ebenso wie die Verschickung von Dankbriefen, Einzel- und Jahresquit-tungen und verfügt über verschiedene Auswertungen, die belie-big ergänzt werden können. Beim Versand von Infopost und Zeitschriften können die Rabattierungsmöglichkeiten voll genutzt werden, da die hierfür benötigten Postdateien in SINFONIE inte-griert sind und ständig auf dem aktuellsten Stand gehalten wer-den. Fortlaufende Programmentwicklung und Schulungen durch das Team von SHI gewährleisten dem Anwender, die neuesten Entwicklungen in der EDV in seinem Bereich auch zu nutzen.

SINFONIE arbeitet auf der Basis der KHK-Classic-Line. Diese Standard-Software ist bereits vielerorts erprobt. KHK ist Marktführer im Bereich kaufmännischer Verwaltungssoftware. Durch diese Zusammenarbeit müssen insbesondere ehrenamt-liche Mitarbeiter nicht ständig neu eingearbeitet werden, son-dern können oft auf ihre erlernten kaufmännischen EDV-Erfah-rungen aus dem säkular beruflichen Arbeitsalltag zurückgreifen. Damit geht SINFONIE neue Wege im kirchlichen Einsatz. „Warum sollte man das Rad neu erfinden?"

Zu den Anwendern von SINFONIE in ganz Deutschland und der Schweiz gehören z. B. ProChrist, der Gesamtverband des EC,

der Bund Freier Evangelischer Gemeinden in Deutschland, das
Missionshaus Bibelschule Wiedenest, das Geistliche Rüstzen-
trum Krelingen, die Schweizer Evangelische Allianz u.v.a.

In den neuesten Modulen für Gästehäuser und für Alten- und
Pflegeheime wird die Technologie der Frameworks mit enthalten
sein, welche Software nach Anwendervorgaben automatisch ge-
neriert. Diese Technik ermöglicht es, professionelle Software, die
zudem individuell auf den Anwender zugeschnitten ist, kostengünstig und schnell zur Verfügung zu stellen.

*Zur Beantwortung weiterer Fragen können Sie sich an die Mit-
arbeiter von SHI in den Büros in Schwante (b. Berlin) (03 30 55) 98 70,
in Kassel (05 61) 9 32 45 40 oder in Wetzlar (0 64 41) 9 30 86 wenden.
Der Stammsitz von SHI ist die Sommerswalder Chaussee 7 in 16727
Schwante.*

ROM-Laufwerk, Maus, System 7.1

Infos:
Softkey International GmbH
Meglinger Str. 20
81477 München
Tel. (089) 14 31 24 76

OptiGem

Finanzverwaltung

Mit mehr als 300 Installationen ist das Gemeindeverwaltungs-
programm OptiGem eins der beliebtesten Programme seiner Art
in Deutschland. Die OptiGem-Finanzverwaltung ist eine Kom-
plettlösung für die Finanzverwaltung einer Gemeinde oder eines
christlichen Werkes.

OptiGem besteht aus drei Bausteinen:

a) einer Einnahmen-Überschuß-Buchhaltung
b) einer Arbeitsbereichs- und Projektverwaltung
c) einer Spendenverwaltung

Neben der ordnungsgemäßen Buchhaltung ermöglicht Opti-
Gem durch die Kombination zwischen Einnahmen-Überschuß-
buchhaltung und Spendenverwaltung die Erstellung von Spendenbescheinigungen, Dankesbriefen u. a. Eine separate Spendenbuchhaltung wird dadurch überflüssig.

Die Kopplung von Einnahmen-Überschußbuchhaltung und
Arbeitsbereichs- und Projektverwaltung öffnet neue Auswer-
tungsmöglichkeiten. So kann die Buchhaltung für Projekte und
Arbeitsbereiche innerhalb der Hauptbuchhaltung erfolgen und
dennoch Auswertungen, z. B. eine Einnahmen-Überschußrech-
nung, für ein einzelnes Projekt oder einen einzelnen Arbeitsbereich erstellt werden. Durch die Verbindung aller drei Komponenten sind selbst komplizierte Auswertungen, wie z. B. die
Beantwortung der Frage: „Wieviel DM hat der Spender xyz im
Monat April 94 für den Arbeitsbereich Kindergarten a) allgemein
und b) für dessen Innenausstattung gespendet?", problemlos
möglich.

Bei der Entwicklung der OptiGem-Finanzverwaltung stand u. a. im Vordergrund, das Programm so aufzubauen, daß es für einen neben- oder ehrenamtlichen Gemeindebuchhalter möglich ist, sich in relativ kurzer Zeit in das System einzufinden. Gleichzeitig sollte die Software jedoch für den erfahrenen Buchhalter und fortgeschrittenen EDV-Fachmann alle wünschenswerten Funktionen besitzen, z. B. die Möglichkeit, den Aufbau und die Sortierung von Spenderlisten völlig frei zu definieren. Die Reaktionen vieler Anwender zeigen, daß dieses Konzept weitgehend so auch verwirklicht wurde.

Neben der Funktionalität soll die OptiGem-Finanzverwaltung helfen, Zeit einzusparen. Bei der Entwicklung wurde — insbesondere bei den Funktionen zur Buchungserfassung, die nach Anlegen der Stammdaten im Vordergrund stehen werden — darauf geachtet, daß die Benutzung nicht nur einfach und logisch, sondern auch effektiv bezüglich der Zeit ist.

Beispiele für zeitsparende Funktionen sind insbesondere die Buchungserfassung mit Hilfe der Zahlungsfunktion, die spezielle Eingabemöglichkeit für Spendenzahlungen und eine Postleitzahl-Automatik für Deutschland, Österreich und die Schweiz.

Die OptiGem-Finanzverwaltung verfügt über eine einheitliche Benutzeroberfläche, die eine leicht erlernbare Bedienung der OptiGem-Finanzverwaltung gestattet. Die Gestaltung und Bedienung der Benutzeroberfläche ist an die internationalen Standards angelehnt.

Das Programm wurde von Mathias Krallmann EDV komplett in der maschinennahen Programmiersprache C++ entwickelt. Dadurch ist es relativ kompakt, d. h. es benötigt nur recht wenig Platz im Hauptspeicher und ist dadurch gleichzeitig recht schnell. Inzwischen wird OptiGem von bekannten Freikirchen

u. a. dem Bund der Freien Evangelischen Gemeinden, dem Bund
Freikirchlicher Pfingstgemeinden und vielen Missionswerken
und anderen christlichen Einrichtungen eingesetzt.

Das Programm OptiGem-Finanzbuchhaltung für DOS ist
mit 780 DM etwas preiswerter als vergleichbare säkulare Buch-
haltungsprogramme. Zusatzlizenzen für weitere Computer in
dem gleichen Betrieb kosten je 180 DM. Krallmann EDV ist ein
Dienstleistungsunternehmen, das Ihnen auch Schulungen und
individuelle Programmbetreuung als zusätzliche Leistungen anbieten kann.

Info:
Mathias Krallmann EDV
Clausthaler Str. 33
44145 Dortmund
Tel. (02 31) 83 07 00
Fax (02 31) 83 07 00

Donum

Spendenbuchhaltung

Mit diesem Spendenprogramm können Sie ohne große Vorkenntnisse und nach einer kurzen Einarbeitung alle Spenden recht leistungsfähig verwalten. Der Vorteil bei dem Programm Donum liegt insbesondere in der hohen Arbeitsgeschwindigkeit dieses DOS-Programms. Der Begriff Donum ist übrigens ein lateinisches Wort und bedeutet soviel wie Gabe, Spende. Das Programm Donum wird in verschiedenen christlichen Einrichtungen zur Spendenverwaltung eingesetzt. Dieses Programm entstand in der Praxis. Seine ersten Wurzeln hat Donum in der Verwaltung des Geistlichen Rüstzentrums Krelingen gehabt.

Es eignet sich aufgrund seiner Übersichtlichkeit insbesondere für kleinere christliche Werke zur Spendenverwaltung. D. h., insbesondere dort, wo man mit Datenbeständen unter ca. 5000 Adressen zu tun hat, wird man diese leistungsfähige Spendenverwaltung gut einsetzen können.

Sie können sich objektorientierte Auskünfte erstellen lassen oder personenorientierte Auskünfte. Aber auch umfangreiche Journale über das ganze Spendengeschehen innerhalb eines bestimmten Zeitraums können Sie sich ausdrucken lassen. Dieses Programm kann eben mehr als nur Quittungen schreiben.

Auf Wunsch können Sie zu Donum auch die mit dem Programm mitgelieferte Adreßkorrektur installieren. Allerdings brauchen Sie dazu statt der normalerweise benötigten ca. 3 MB Festplattenspeicher dann immerhin 38 MB freien Speicherplatz. Die Adreß-korrektur informiert Sie, ob Sie bei der Eingabe der Adressen in bezug auf Straße und Postleitzahl keine Fehler gemacht haben.

Wichtig ist auch, daß Sie darauf achten, daß Donum nicht im Netzwerk betrieben werden kann, wenn Sie von mehreren PC gleichzeitig darauf zugreifen möchten.

Damit niemand in unberechtigter Weise Ihre vertraulichen Daten einsehen kann, arbeitet Donum mit einem Paßwortschutz beim Programm-Start.

Die Adreßeingabe erfolgt über ein leicht verständlich gehaltenes Datenfenster. Da in vielen christlichen Werken nicht nur vollberufliche Verwaltungsangestellte tätig sind, sondern auch Teilzeitkräfte oder ehrenamtliche Helfer, ist Donum wegen seiner Bedienerfreundlichkeit und kurzen Einarbeitungszeit gut geeignet. Selbstverständlich können Sie die Adreß-Datensätze auch ändern oder löschen.

Such-Abfragen in den Freundesadressen geschehen nach der Nummer oder nach dem Namen. Sollten Sie beispielsweise unter Müller mehrere Personen finden, dann können Sie bei der Sucheingabe auch unter Hinzuziehung der Postleitzahl Ihre Angabe konkretisieren. Zur Suche oder zur Kontrolle der vorhandenen Daten können Sie Listen erstellen und auch am Bildschirm durch die Datensätze blättern.

So wie es die Grundsätze ordnungsgemäßer Buchführung verlangen, können Sie auch in Donum ein einmal angelegtes Konto nicht löschen, solange sich darauf Buchungen beziehen.

Ebenso ist es auch bei der Eingabe von Buchungen. Sie können die Eingabe nur so lange korrigieren, so lange keine Quittierung geschehen ist, d. h. keine Quittung gedruckt wurde. Diese Verfahrensweise ist wie bereits erwähnt nach den Gesetzen der Ordnungsmäßigkeit der Buchführung zwingend. Sämtliche Buchungen müssen fortlaufend, zeitgerecht, vollständig und richtig sein. Zudem müssen sie anhand der Belege, welche ebenfalls laufend numeriert sind, jederzeit nachprüfbar sein. Eine Abänderung ist hier nicht zulässig. Die einzige zulässige Korrekturform, die buchhalterisch möglich ist, ist die Stornierung. So können Sie auch in Donum, für den Fall, daß Sie trotz aller Sicherheitsmaßnahmen einmal eine falsche Buchung getätigt haben, diese lediglich stornieren. Das bedeutet in etwa, daß die falsche Buchung nicht gelöscht wird, sondern es wird im Prinzip dieselbe Buchung, jetzt nur mit umgekehrtem Vorzeichen, noch einmal wiederholt.

Donum gibt Ihnen die verschiedensten Auskunftsmöglichkeiten. Die erzielten Ergebnisse werden über den Bildschirm angegeben, können aber auch ausgedruckt werden. Sie können Spender nach Freundesnummer oder Namen abfragen. Es werden nicht nur die persönlichen Daten angezeigt, sondern auch alle Spenden. Sie können aber auch einen bestimmten Betrag suchen, z. B. wer hat 100 DM gegeben? Es werden der Name des Spenders, der Ort und das Eingangsdatum angezeigt. Aber auch Beträge, die größer oder kleiner sind als ein bestimmter Betrag, können aufgelistet werden. Die Ausgabe geschieht seitenweise. Sie können sich alle Spenden eines bestimmten Kontoauszuges zeigen, ein Konto auflisten lassen oder alle Spenden anschauen, die für ein bestimmtes Objekt eingegangen sind. Man kann den Suchbereich auch auf einen bestimmten Zeitraum eingrenzen. Die Kontenblätter werden von Donum auch ausgedruckt.

Neben dem Listendruck nach vorgegebenen oder selbstgewählten Vorlagen ist der Druck von Etiketten ein effizientes Hilfsmittel in Donum.

Für den Druck der Etiketten sind auch Auswahlkriterien erlaubt. So lassen sich Postleitzahlbereiche ebenso aussondern, wie man z. B. Personen mit der Anrede „Pfarrer" auswählen könnte. Sie haben die Möglichkeit, sich den Aufbau der Etiketten selbst zu definieren. Somit können Sie alle auf dem Markt befindlichen Etiketten verwenden.

Jederzeit erlaubt Donum den Ausdruck von Jahresspendenquittungen oder Einzelspendenquittungen. Nach dem Ausdruck werden die verarbeiteten Spenden gekennzeichnet, damit eine Quittung nicht zweimal gedruckt werden kann. Eine Wiederholung der Quittierung ist nicht möglich.

Zur besseren Übersichtlichkeit für die Buchhaltung Ihrer Einrichtung sollten Sie sich von Zeit zu Zeit Spenden-Journale durch Donum erstellen lassen. Diese Journale können über einen selbstgewählten Zeitraum, also über ein Jahr, ein Quartal, einen Tag oder ähnliches ausgegeben werden. Sogar Tagesprotokolle können erstellt werden.

Zu Donum gehört unter anderem ein Texteditor, mit dem Sie die Möglichkeit haben, zusätzlich zu den Spendenbescheinigungen auch normale Briefe und Dankesschreiben zu erstellen. Die Mischung dieser Schreiben mit den vorhandenen Adressen wird über ein komfortables Menü gesteuert. Sie können den Personenkreis, den Sie anschreiben, anhand der verschiedenen Datenfelder eingrenzen. In der Arbeit mit eigenen Texten stehen Ihnen Platzhalter für die entsprechenden Datenfelder zur Verfügung.

Donum führt über alle Tätigkeiten im Programm ein Protokoll. Sie haben somit die Möglichkeit, mindestens die letzten drei Monate zurückzuverfolgen, um eventuelle Bedienungsfehler oder Aktionen von Anwendern besser zu kontrollieren. Mit der Option „Logbuch einsehen" können Sie sich diese Informationen ansehen.

Donum führt zudem über alle Spendenquittungen ein Aus-
gangsbuch. Somit haben Sie zur normalen Auskunft noch eine
zusätzliche Kontrolle über die Quittungen, die gedruckt werden.

Sie können bis zu drei Drucker an Ihrem PC mit Donum an-
steuern, dabei haben Sie, wie heutzutage notwendig, die Auswahl aus über 300 verschiedenen Druckermodellen.

Sollte das Programm Donum wider Erwarten Ihren ganz persönlichen Anforderungen noch nicht genügen, dann besteht
noch die Möglichkeit, sich gegen einen Aufpreis vom Programmierer eine individuelle Anpassung fertigen zu lassen. Dieses
könnte bei ausgefallenen Anforderungen verschiedener christlicher Werke durchaus schon vorkommen. Donum enthält jedoch alles, was im Standardfall von einer Spendenverwaltung
erwartet werden muß.

Info:
Rüdiger Fresemann
Hard- und Software
Moorweg 13
23845 Seth
Tel. (0 41 94) 76 39
Fax (0 41 94) 78 63

Geburtstagsblatt

Wer kennt nicht auch die immer wiederkehrende Situation, wenn Geburtstage in der Gemeinde anliegen und der Pastor die rechten Worte zur Gratulation sucht. Das Programm „Geburtstagsblatt" versucht hier Hilfestellung zu geben. Es beinhaltet verschiedene Datenbanken mit christlichen und allgemeinen Informationssammlungen. Geburtstagsblatt beinhaltet ein Suchprogramm, das zu den eingegebenen Daten (Name und Geburtsdatum) einen Brief mit persönlicher Note erstellt.

In dieser Version ist die Leistungsfähigkeit des Programms weiter verbessert worden. Sie können hiermit alle verwendeten Dateien selbst erstellen, editieren, löschen oder ergänzen über einen eigenen Editor. Sie können sogar Ihre eigenen Datensammlungen mit einbeziehen und für Auswertungen verwenden. Der Text des Ausdrucks ist ebenfalls editierbar, und Sie können das Ausgabemedium selbst wählen (Drucker, Datei oder Bildschirm). Mit anderen Worten: Das Programm Geburtstagsblatt ist noch flexibler geworden und gibt Ihnen alle Freiheit, die Sie benötigen, um für Ihre Einrichtung oder Betrieb einen eigenen Text zu gestalten.

Das Programm starten Sie einfach mit „Blatt 2". Es erscheint ein Titelbild, das nach einem Tastendruck verschwindet. Jetzt befinden Sie sich im Hauptmenü, das im SAA-Standard aufgebaut ist. Das heißt: Sie sehen alle Hauptoptionen am oberen Bildrand. Sie können anschließend über sogenannte Hotkeys oder über die Maus einen Menüpunkt anwählen, danach klappt ein Fenster herunter (Pull-Down-Menü) und zeigt Ihnen weitere Optionen.

Im ersten Hauptmenü legen Sie die Namen der Personen an, für die ein Ausdruck gefertigt werden soll. Sie geben jeweils den Vornamen, Namen, Geschlecht und das Geburtsdatum ein. Außerdem stehen Ihnen hier zwei optionale, selbst gestaltbare Datenfelder zur Verfügung. In einem weiteren Hauptmenü werden die Datenbanken verwaltet. Sie können aus den vorhandenen Datenbanken bestimmte auswählen, neue anlegen oder die vorhandenen editieren. Wenn Sie eine eigene Datenbank importieren möchten, muß dies eine ASCII-Datei sein. Beispielsweise können Sie sich zu den bereits genannten Ereignissen auch Hintergrundinformationen aus dem Geburtsjahr anzeigen lassen.

Beispiel: „Ein Auto kostete 1943 ungefähr 2475 Mark. Ein Liter Benzin kostete durchschnittlich 0,19 Mark. Für Brot mußte man damals 0,23 Mark hinlegen. Ein Haus konnte man schon für ca. 16.022 Mark bekommen. Die Milch verkaufte sich 1943 für 0,41 Mark pro Liter."

Sie können aus verschiedenen Beispielen eine Textvorlage auswählen, oder Sie schreiben sich selbst eine ASCII-Datei als Briefvorlage. Wem die einfache Druckereinbindung im Programm Geburtstagsblatt nicht ausreichen sollte, der kann sich statt dem gedruckten Geburtstagsbrief auch eine Datei erstellen und diese in seiner gewohnten Textverarbeitung formatieren. Schließlich wird über das Hauptmenü „Ausgabe" die Verarbeitung gestartet und das persönliche Anschreiben erstellt.

Das Programm Geburtstagsblatt kostet 115 Mark. Es eignet sich für den Einsatz in Gemeinden und christlichen Werken. Zusätzlich zu der Software erhält der Kunde ein ausführliches, gedrucktes Handbuch, in dem auch die Einbindung eigener neuer Datenbanken gut erklärt wird.

Info:
Rüdiger Fresemann
Hard- und Software
Moorweg 13
23845 Seth

Grafiksammlungen

Corel Foto-CD: Israel

Inzwischen gibt es für die Gestaltung von Gemeindebriefen, Einladungen oder persönlichen Briefen immer mehr preiswerte und extrem umfangreiche Grafikpakete. Im allgemeinen Bereich sind hier, um Beispiele zu nennen, etwa „Corel Draw" oder „Micrografx" bekannt, die bereits zusammen mit ihren Grafikprogrammen CDs mit jeweils mehr als 20.000 Illustrationen ausliefern. Im christlichen Bereich ist hier neben den bekannten Mediendiensten von Bergmoser und Höller oder der GEP insbesondere die Bible Picture Library CD zu nennen, die mehr als 3000 Illustrationen zur Bibel enthält. Diese Illustrationen sind zumeist frei für die Verwendung in kirchlichen oder privaten Publikationen.

Daneben gibt es aber auch, was für viele noch relativ unbekannt ist, riesige Ressourcen mit professionellen Fotos zu bestimmten Themenbereichen. „Corel Draw" bietet zum Beispiel für ca. 80 DM professionelle Foto-Galerien für die eigenen Publikationen an. Jede CD enthält 100 hochauflösende Farbfotos inklusive einer Software, die es ermöglicht, diese Bilder nicht nur in bekannten Textverarbeitungen oder DTP-Programmen einzulesen, sondern sie auch als Bildschirmschoner zu nutzen. Es gibt Foto-CDs mit religiöser Glasmalerei, Kirchengebäuden, Menschen und vielen anderen Themen.

Die uns vorliegende CD überzeugt nicht nur durch die professionellen hochauflösenden Grafiken, sondern gerade eben auch wegen der zusätzlich mitgelieferten Software. Dazu gehört ein komfortables Bildkatalog-Programm und ein multimedialer Bildschirmschoner. Sie können nicht nur die vorhandenen Israel-Fotos als Screenshow benutzen, sondern hier auch eigene Bildverzeichnisse angeben. Zusammen mit den Bildern wird eine einfache Melodie auf Wunsch über Soundkarte vorgespielt. Die Corel-Software erlaubt auch, die Fotos als Hintergrund für Windows zu nutzen, und zwar mit dem Vorteil, daß auf Wunsch bei jedem Windows-Start ein anderer Hintergrund automatisch ausgewählt wird.

Insgesamt gibt es zur Zeit etwa 100 verschiedene Titel mit professionellen Corel Foto-CDs. Wichtig ist noch zu sagen, daß die Bilder im Kodak Foto-CD-Format archiviert sind, was es erlaubt, zwischen verschiedenen Auflösungen je Foto zu unterscheiden.

Zu den Motiven dieser CD gehören, neben den klassischen Impressionen aus Israel und Jerusalem, insbesondere religiöse Aufnahmen, wie auch die Menschen im Land und die berühmten Stätten der Christenheit. Insgesamt gesehen handelt es sich um eine wirklich sehr gelungene Produktion. Als technische Voraussetzung benötigen Sie Windows 3.1 oder höher, mindestens 2 MB RAM und ein CD-ROM-Laufwerk. Die Geschwindigkeit des CD-Laufwerks ist bei diesem Foto-Archiv eher unbedeutend, da die Foto-CD schon auf langsamen Laufwerken gute Zugriffszeiten erlaubt.

Auf Wunsch sind die Corel Foto-CDs übrigens auch für Macintosh Computer erhältlich.

Der Vertrieb der Foto-CDs geschieht zumeist zentral über Corel International. Bestellen können Sie über Telefon (0 06 13) 728-37 33 bzw. über Fax unter der Nummer: (0 06 13) 761-91 76. Die Lieferung erfolgt nach ca. 14 Tagen und bezahlt wird entweder per Nachnahme oder bereits vorher bei der Auftragsstellung mittels Kreditkarte.

Bible Picture Library

Das Programm „Bible Picture Library" enthält über 3000 Illustrationen zur Bibel auf einer CD zum Preis von nur ca. fünf Pfennig pro Bild (149 DM). Damit ist es zur Zeit eine der größten Bilddatenbanken zu dieser Thematik. Der Anwender findet hier Grafiken aus den verschiedensten Umfeldern. Im wesentlichen können wir die Bilder in drei Hauptgruppen zusammenfassen.

Zum einen handelt es sich um ca. 1000 Grafiken zum archäologischen und sonstigen Hintergrund der Bibel. Hierzu gehört die Tierwelt des alten Israels, aber auch die Städte, Häuser, Personen usw. der damaligen Zeit.

Die zweite Hauptgruppe bilden etwa 1500 alte Holz- und Kupferstichzeichnungen bekannter Künstler.

Die dritte Gruppe enthält die ca. 500 lizenzierten modernen Glaubensdarstellungen der „Good News Bible". Diese Zeichnungen von Anne Valloten vermitteln in einfachen Skizzen die biblischen Glaubensinhalte klar und ansprechend. Während die letzteren vielleicht durch die millionenfache Auflage der Bibel am bekanntesten sind, empfahl der Grafiker und gelernte ev.-luth. Theologe Tiki Küstenmacher seinen „Credo Bit"-Seminarteilnehmern in erster Linie die alten Stichzeichnungen, weil sie ihn am persönlichsten ansprachen. So findet hier jeder etwas nach seinem Bedarf. Außerdem enthält die CD eine komplexe Bilddatenbank (Share-ware) als elektronischen Katalog zur Verwaltung der umfangreichen Grafiksammlung. So können Dia-Shows vorgeführt oder die Katalogseiten am Monitor verwaltet und natürlich ausgedruckt werden. Die Bilder liegen im hochauflösenden PCX-Format vor und eignen sich hervorragend zur Übernahme in andere Anwendungsprogramme.

Die CD-ROM ist für IBM und Apple Computer geeignet.

Info:
Christian Computer Art
33 Bramley Way
Hardwick
Cambridge CB3 7XD
England

„Das verlorene Schaf"

Christian Images
Grafiksammlung

„Christian Images" ist eine Sammlung von 190 Farbgrafiken im Windows Metafile Format. Diese Grafiksammlung mit christlichen Symbolen ist unter den vorgestellten Sammlungen die einzige mit farbigen Bildern. Es ist möglich, die Grafiken mit jedem Farbdrucker unter Windows bunt auszudrucken, bzw. bei nicht farbfähigen Druckern können sie auch in schwarzweiß ausgegeben werden. Das WMF-Bildformat kann von nahezu allen Windows-Anwendungen im Text- und Grafikbereich importiert werden. Allerdings gibt es bei der Verwendung von mehreren Bildern auf einer Seite häufig Probleme. Im schlimmsten Fall stürzt Windows in einem solchen Fall selbst auf einem guten PC (486 DX / 2 66, 8 MB RAM, 1 Gigabyte HD /SCSI) ab.

Wer mit den „Christian Images" arbeitet, sollte möglichst also nur zwei bis drei Grafiken pro Seite einsetzen, was in der Regel ja auch das Normale ist. Mit den „Christian Images" wird ein kleiner Katalog geliefert, der jedoch nur schwarzweiß ist. Ob die sehr amerikanischen Bildsymbole dem Anwender gefallen, das wird sicher jeder Benutzer für sich selbst entscheiden. Die „Christian Images" heben sich positiv heraus, weil es die einzige Grafiksammlung in Farbe ist. Zum zweiten gefällt uns auch der günstige Preis. Diese Sammlung von fast 200 Bildern in aufwendiger Verpackung kostet weniger als 60 DM. Je nach Dollar-Kurs kann der Preis leicht schwanken, da das Paket aus den USA stammt: Herstellerin ist die sehr innovative Firma „Parsons Technology" (Produkte: Bible Atlas for Windows, Greek and Hebrew Tools, Quick Verse-Bibelprogramm und vieles andere mehr).

Info:
Parsons Technology, One Parsons Drive
Hiawatha, Iowa 52233, USA

Der Gemeindebrief

„Der Gemeindebrief" ist eine Materialsammlung von Kopiervorlagen in Text und Bild für die Erstellung von Gemeindezei-
tungen. Herausgeber ist das Gemeinschaftswerk der Evangelischen Publizistik (GEP). Das GEP wird von der Evangelischen
Kirche Deutschlands finanziell unterstützt. Ein Diskettenabo
(inkl. Heft) von „Der Gemeindebrief", mit sechs Ausgaben im
Jahr, kostet 267,80 DM für DOS- oder Apple-Computer. Preiswerter ist die gedruckte Materialsammlung, sie kostet nur
69,40 DM.

Info:
Gemeinschaftswerk der
Evangelischen Publizistik
Postfach 50 05 50
60394 Frankfurt am Main
Tel. (069) 58 09 81 91
Fax (069) 58 09 81 00

*Im folgenden finden
Sie einen Beispielstext
(„Scientology") und
eine Grafik aus der
Materialsammlung
„Der Gemeindebrief"
des GEP.*

„Stichwort: Scientology

Der 65jährige Rentner Gustav R. plagt sich seit Jahren mit Kopfschmer-
zen herum. Die Ärzte konnten ihm nicht helfen. Die „moderne Wissenschaft der geistigen Gesundheit" scheint eine Alternative zu sein. Das
„Beratungsgespräch" an einer Art Lügendetektor scheint zunächst zu
helfen. Gerne zahlt Gustav R. 450 Mark für die Stunde. Der 16jährige
Schüler Frank ist von der Anzeige fasziniert: „Gemäß Albert Einstein
nützen wir Alltagsmenschen nur zehn Prozent unseres wahren geistigen Potentials" heißt es da. Läßt sich etwa das Gehirn so optimieren wie
die Festplatte eines Computers? Die Anzeige jedenfalls läßt diesen
Schluß zu. Die 25jährige Studentin der Betriebswirtschaft Claudia T.
wird auf der Straße für ein Seminar der Akademie für Management und
Kommunikation angesprochen. Das Angebot hört sich erfolgverspre-
chend an. Ob Schüler, Studentin oder Rentner, sie alle kommen mit
einer „Technik" in Berührung, die auf den ehemaligen Science-fiction
Autor L. Ron Hubbard zurückgeht. Danach kann jeder Mensch klar/frei
werden, wenn er die „Brücke zur völligen Freiheit" überschreitet. Diese
Brücke ist ein abgestuftes Kurssystem. Am Ende soll eine Art „Über-
mensch" stehen. Und so ist schon der Name für den allumfassenden
Anspruch kennzeichnend: Scientology soll soviel bedeuten wie das
Wissen vom Wissen. Nach Meinung vieler Kritiker ist Scientology keine
Religionsgemeinschaft, eher ein multinationaler Psychokonzern. Allerdings wird dem Unternehmen nicht nur das Streben nach Gewinn
unterstellt, sondern es heißt, Scientology wolle Herrschaft ausüben.
Der Ex-Scientologe Norbert Potthoff ist davon überzeugt, daß Scientology Deutschland vollständig unter ihre Kontrolle bringen wolle. Die
unzähligen Firmen und scheinbar sozialen Enrichtungen dienten diesem Zweck.

Scientology-Organisation; Gründer: L. Ron Hubbard (1911-1986);
Gliederungen: Church (Kirche), ABLE (Schule, Ausbildung, soziale
Bereiche), WISE (Wirtschaft, Managementtraining, Geldverkehr); Mit-
glieder: weltweit mehrere Millionen, in Deutschland ca. 30.000; Große
Zentren: Düsseldorf, Hamburg, Frankfurt, München

                                        Kurt-Helmuth Eimuth

Bei Fragen wenden Sie sich bitte an Ihre Kirchengemeinde"

image digital

Ähnlich wie „Der Gemeindebrief" vom GEP, bietet der Verlag Bergmoser und Höller hier eine regelmäßige Materialsammlung für den Pfarrbrief an. Seit 1970 erscheint dieser Service mit Kopiervorlagen fürs Pfarramt. Seit einiger Zeit gibt es ihn nun auch auf Diskette, für IBM und Apple Computer. Der Materialdienst „image" liefert jeden Monat fast hundert Illustrationen deutscher und internationaler Künstler. Zusätzlich ist „image" gespickt mit verschiedenen Kurztexten. Darunter finden sich Papstworte ebenso wie Zitate der Kirchenväter und Heiligen. Drittens fällt uns an „image" besonders auf, daß hier für jede Woche eine prominente Persönlichkeit schreibt, was ihr das Bibelwort zum Sonntag sagt. Bekannte Schauspieler, Sportler, Politiker, Fernsehstars, Sänger und Schriftsteller wollen ermutigen, die frohe Seite des Glaubens kennenzulernen. „image" besticht durch ein professionell gestaltetes, ansprechendes „outfit". Allerdings erscheint „image" auch zu einem professionellen Preis. Zwölf Ausgaben kosten incl. der Text und Grafikdisketten 462 DM. Preiswerter ist der gedruckte Materialdienst für nur 150 DM im Jahr.

Info:
Bergmoser & Höller GmbH
Karl-Friedrich-Straße 76
52072 Aachen
Tel. (02 41) 9 38 88 -21
Fax (02 41) 9 38 88 -34

Ebenfalls vom Bergmoser und Höller Verlag gibt es auch einen wöchentlichen Predigtdienst über Telefax. Die Fax-Box-Predigten gibt es nach evangelischer und katholischer Lesordnung, sie kosten wöchentlich jeweils 7, 50 DM. Ein kostenloses Probefax erhalten Sie unter der Telefaxnummer (02 41) 9 38 88 58.

Bild oben und unten: Zwei Beispielsgrafiken aus dem Repertoire von „image digital" aus dem Bergmoser und Höller Verlag

Picture Office

Drei Anbieter von kirchlichen Illustrationen haben zusammengefunden und dieses Projekt auf die Füße gestellt: eine CD-ROM mit über 7500 grafischen Motiven. Dazu gehören 1540 Karikaturen des Löwensteiner Cartoon Service, das grafische Angebot des Werbedienstes mit mehr als 5000 Illustrationen und das der Gesellschaft für Christliche Öffentlichkeitsarbeit mit über 1000 Grafiken. Das Angebot umfaßt Piktogramme, Karikaturen, Illustrationen, Vignetten und religiöse Grafiken, kurz gesagt das gesamte Programm der drei Initiatoren. Was als Druckvorlagen ganze Regaletagen bevölkerte, ist nun auf einer kleinen silbernen Scheibe verfügbar. Bei einem solchen Angebot kann man leicht den Überblick verlieren. Wer für seinen Gemeindebrief, für ein Plakat oder auch für die Regionalpresse eine Illustration benötigt, weiß aus Erfahrung, daß er oder sie genau diese Illustration gerade nicht findet.

Das Programm Picture Office, das mit den über 7500 Grafiken auf der CD-ROM mitgeliefert wird, soll hier Abhilfe schaffen. Entwickelt wurde diese Grafikdatenbank von der Kasseler Softwareschmiede „Multimedia Information Service". Picture Office ist schnell installiert und bietet auch dem unerfahrenen Computernutzer schnell und intuitiv Zugriff auf die Grafiken. Die Software enthält einen Stichwortkatalog mit über 10.000 Einträgen: von Abendmahl bis Zölibat, von Amen bis Zweifel und von Aggression bis Zärtlichkeit. Die Stichworte können beliebig kombiniert oder ausgeschlossen werden. So ist es einfach, sich beispielsweise mit dem Stichwort „Ostern" die ganze Bandbreite der vorhandenen Illustrationen auf den Bildschirm zu holen: in verkleinerter Form nebeneinander oder bildschirmfüllend hintereinander, wie ein Film ablaufend. Die Ablaufgeschwindigkeit ist einstellbar, so daß jeder Mensch individuell seiner visuellen Erfassungsmöglichkeit Genüge tun kann.

Es ist auch möglich, die Suche nach „Ostern" zu verbinden mit dem Stichwort „Hase", dann werden nur die Illustrationen gezeigt, die beides enthalten. Aber „Ostern" und „Hase" können auch negativ verbunden werden, das heißt, das Programm schließt alle Illustrationen zu Ostern aus, die einen Hasen enthalten. Diese Kombinationsmöglichkeit kann natürlich beliebig ausgebaut werden, so daß tatsächlich auf dem schnellsten Weg die gesuchte Illustration zu finden ist, beziehungsweise das Themengebiet eingegrenzt werden kann, um dann visuell auszuwählen. Wer möchte, kann die Illustrationen auch ausdrucken, verkleinert nebeneinander, oder in voller Größe hintereinander.

Es ist auch möglich, eingescannte Illustrationen oder gar die Urlaubsfotos in Picture Publisher hinzuzufügen und mit Stichworten zu versehen. Sie können aus dem Picture Publisher auch in viele bekannte Grafikformate exportieren: PCX, TIF, BMP, EPS. Somit können die Illustrationen in alle sich auf dem Markt befindlichen Grafik-, Layout-, und Textverarbeitungsprogramme übernommen werden. Auch die Konvertierung in Apple-lesbare Grafikformate (EPS, AI, TIF) ist damit möglich. Die CD-ROM Picture Publisher mit 7500 Grafiken kostet 279 DM. Eine Probe-CD gibt es für 39,90 DM.

Systemanforderung: Windows ab Version 3.0, PC ab 386er Prozessor, 4 MB RAM, 2 MB Festplattenspeicher, CD-ROM

Info:
Löwensteiner Cartoon Service
Bahnhofstraße 115
78567 Fridingen
Fax: (0 74 63) 9 70 45

Religious ClipArts

250 farbige ClipArts zum Thema Kirche & Religion

Jeder weiß, daß Informationen nicht nur durch Texte, sondern vielmehr durch Bilder uns erreichen. Jeder Gemeindebrief, jede ausgehängte Bekanntmachung spricht den Leser viel mehr an, wenn einprägsame Bilder die „Bleilawinen" auflockern.

Im kirchlichen Anwenderbereich stehen auch Tausende von Bildern – schwarz/weiß oder farbig – zur Verfügung. Die Frage ist nur: Wo liegt gerade das Bild, woran ich mich noch ganz gut erinnern kann? Auf welcher CD habe ich es letztesmal gesichtet und merken wollen, für den nächsten Rundbrief? Oder auf der Festplatte, unter welchem Zeichenprogramm wurde es gespeichert? Man sucht es hier und da, und manchmal muß man es dann aufgeben. Mit der Feststellung „hab' nicht gefunden" tut man die Sache ab, und ein guter Gedanke oder eine Idee ist wieder gestorben. Leider.

Aber es muß nicht weiter so sein.

Softkey International brachte vor kurzem eine neue CD heraus, die hier Abhilfe schaffen kann. Religious ClipArts nennt sich die Sammlung, die über 250 farbige ClipArts zum Thema Kirche und Religion enthält. Ein weiteres Zeichen des Zusammenwachsens der Systeme ist hier bewiesen, denn das Programm ist gleichermaßen geeignet für Windows und Macintosh.

Was ist besonderes an diesem Programm? Nicht die Bilder, die alle in annehmbarer bis guter Qualität vorhanden sind, denn gute Bilder konnte man bis jetzt anderswo auch finden. Das Wunderbare ist, daß hier ein leistungsstarkes und funktionsorientiertes Programm, das PowerAlbum für Windows und

Fetch Browser für Macintosh mitgeliefert wird, mit denen sich
Ihre Grafikdateien komfortabel verwalten und organisieren lassen.

Nach der schnellen Installationsroutine, die die vollständige
oder benutzerdefinierte Möglichkeit anbietet, hat man das Programm schon zur Verfügung. Power Up! heißt die neue Gruppe,
die Datei PowerAlbum (Version 1.04), die durch ein kleines bun-
tes Fensterchen symbolisiert wird. Eine ReadMe-Datei ist auch
vorhanden, aber z. Z. absolut nicht notwendig – hier wird nur
mitgeteilt, daß sich seit Grundlegung des Handbuches noch
nichts geändert hat.

PowerAlbum verwendet die Metapher eines Fotoalbums, jede
Albumseite zeigt bis zu zwölf Miniaturabbildungen, Dias ge-
nannte Kontrollbilder von Grafikdateien, die sich in beliebigen
Verzeichnissen befinden können. Man kann also zwei Seiten
einer Kategorie gleichzeitig betrachten.

Nach dem Start findet man ein ansprechend und elegant auf-
gebautes, richtiges Buch mit Fenstern vor. Als Lesezeichen auf
der rechten Seite findet man die vordefinierten Kategorien der
vorhandenen Bildern, insgesamt zehn Gruppen mit den Titeln
Bibel; Diverses; Engel; Familie; Kirchen/Tempel; Kreuze; Sa-
krale Gegenstände; Symbole; Weihnachten und Weltreligionen.
Die 265 Bilder sind somit leicht zu suchen und zu finden, eine
Seitenzählung innerhalb der Kategorien findet man in den linken
und rechten unteren Ecken. Die meisten Bilder enthält die Kategorie Weltreligionen (91), die wenigsten findet man in der „En-
gelkategorie", nur fünf Stück.

Mit dem Programm kann man Bilder suchen, Bilder übertragen und Bilder verwalten. Statt Dateinamen stehen die Mini-
abbildungen zur Verfügung – welch eine Freude, weil man sich

nicht 02955848.TIF oder BIBEL159.PCX merken muß. Sie können Bilder in neue oder schon vorhandene Kategorien einfügen. Mit der Übernahme geht es ganz schnell: in die Ablage kopieren, das andere Programm starten, einfügen, fertig. Natürlich kann man auch Bilder entfernen, sogar Schlagwörter eingeben und diese auch bearbeiten.

Die Bildersammlungen werden in Alben zusammengefaßt. Man kann sie nach Format, Themen, Größe usw. zusammenführen und verwalten. So können Sie ein Gemeindealbum anlegen, ein Privatalbum mit den Privatfotos in Kodak-Foto-CD-Format, eine Sammlung der Kinderbilder, usw. Das Handbuch erhält gute Informationen darüber, wie man ein Album auf einen anderen Computer übertragen und wie man sogar Bilderkataloge ausdrucken kann.

Welche Bilderformate lassen sich in ein Album einbinden? Man hat eine große Anzahl von Formaten, nämlich .WMF, .GIF, .PCD, .JPG, .WPG, .BMP, .CGM, .TIF, .PCX und .DRW. Das müßte eigentlich auch ausreichen. Weitere Formate müssen erkundet werden!

Nach diesem kurzen Einarbeiten und Probieren kam dann bei mir die Freude. Ich arbeite seit längerem schon mit den Bildersammlungen des Evangelischen Werbedienstes und besitze alle Disketten und Handbücher dazu. Sie sind gut — aber die Zahl der Bilder ist auf der Festplatte fast unübersehbar. Bei der Suche hatte ich manchmal doch ein Bild darüber oder ein Bild darunter geöffnet, da die Bilder keine Namen und nur Nummern tragen. Mit dem neuen Programm konnte ich sie in neue Alben einbinden und dann sehr übersichtlich ordnen. Daß ich jetzt nun nicht nur dünne, sondern auch sehr dicke Alben habe, stört mich wenig — der Komfort geht vor!

Die Zusammenarbeit mit anderen Programmen unter Windows klappt auch wunderbar. Dies habe ich mit Aldus PageMaker 5.0, Corel 4.0, Works 3.0 und Calender Creator 2.02 getestet, es lief alles ohne Fehler. Da das Programm Calender Creator (Calender in jedem Format bis zum Jahre 2100 selbst erstellen) auch eine Bildersammlung im PowerAlbum-Format beinhaltet, standen mir gleich zwei vollwertige Sammlungen zur Verfügung.

Fazit: das Programm ist wirklich sein Geld wert, bringt große Entlastung bei der Arbeit mit Bildern, verarbeitet nahezu jedes Format, arbeitet mit jedem Windows-Programm zusammen. Und der Preis ist fast ein „Sonderangebots-Geschenkpreis", nur 39 DM.

Info:
SoftKey International GmbH
Meglinger Straße 20
81477 München
Tel. (089) 78 58 00-0

Unterhaltung

Christliche Computerspiele

Noah & Co

Noah & Co ist ein Paket für den Personal Computer, bestehend aus drei Bibelabenteuern. Begrüßenswert ist die deutliche Preissenkung durch den R. Brockhaus Verlag. So kostet das Spiel nur noch 34 DM, statt 59,90 DM. Damit werden auch die christlichen Computerspiele in deutscher Sprache bezahlbar.

Mit dem Programm **Noah** können Kinder die Tiere vor der großen Flut in die Arche retten, oder sie helfen **Moses Mutter**, ihr Baby vor den Soldaten des Pharao und anderen Gefahren in Sicherheit zu bringen. Wenn alles geschafft ist, sind sie richtig vorbereitet, um dem jungen Hirten **David** beizustehen. Anschließend müssen sie Davids Schafe vor wilden Löwen und Bären retten und den Riesen Goliath besiegen.

Malkasten

Malkasten ist ein Computerspiel für die Kleinsten – ein elektronisches Malbuch. Schon Dreijährige können die dreißig Szenen zu biblischen Geschichten farbig ausmalen. Die einfachen Symbole und die leichte Bedienung sind schnell zu erlernen. Und wie in der Kinderstunde lernen die Kleinen beim Ausmalen spielend die biblischen Geschichten kennen.

Wer möchte, kann die fertig ausgemalten Bilder als Puzzle durcheinanderwürfeln lassen, um sie anschließend wieder zusammenzusetzen.

Der Preis für den „Malkasten" beträgt 28 DM. Aufgrund des wirklich preiswerten Angebots bekommt der „Malkasten" unter der Rubrik „Spiele" die Empfehlung der Redaktion.

Exodus

Das Spiel führt mit 250 Fragen durch den gesamten Auszug aus Ägypten und bietet so nicht nur viel Spaß, sondern auch eine Menge Wissen über das gleichnamige 2. Buch Mose. Auf 100 spannenden Spielebenen können zwei Spieler gleichzeitig Mose helfen, sich mit Soldaten und Zauberern, fallenden Steinen und fast unüberwindlichen Hindernissen auseinanderzusetzen. Das Volk ist Moses dabei nicht immer behilflich.

Was uns an Exodus weniger gut gefällt, ist das umständliche Paßwortsystem. Bei dem recht günstigen Preis von nur 38 DM ist dieser Kopierschutz wohl kaum mehr notwendig.

„Exodus" gibt es auch für den weit verbreiteten Nintendo Game Boy. Allerdings kostet die Game Boy-Version gut 30 DM mehr und ist zudem in englischer Sprache.

„Exodus" ist eine interessante Alternative zu den säkularen Spielen. Die Spielhandlung erweckt jedoch teilweise auch den Eindruck eines christlichen Ballerspieles, nämlich in der Art, wie Mose die Ägypter auslöscht. Ein großes „W", wohl symbolisch für das Wort Gottes, schießt die Feinde aus dem Weg. Die meisten Teenager jedoch werden sich die Freude durch diesen Makel nicht trüben lassen.

Info:
R. Brockhaus Verlag
Postfach 22 20
42781 Haan
Tel. (0 21 04) 96 86 00
Fax (0 21 04) 96 86 01

Verteidiger des Glaubens

Die Abenteuer des Königs David

Saul, der König von Israel, und seine tapfere Kriegstruppe
kämpfen mit ihren Erzfeinden, den gefürchteten Philistern. Von
allen Seiten eingekesselt, versuchen sie, ihr winziges Land vor
den Angriffen und der Eroberung ihrer Feinde zu schützen. Alle
Anzeichen deuten bereits auf eine vernichtende Niederlage hin,
da tritt ein junger Hirtenjunge aus den Reihen der Soldaten ans
Licht und erhält den Auftrag, sein Volk zu erretten. *Er wird der
Verteidiger des Glaubens!*

Sechs Abenteuer (Spiel-Levels) muß David bestehen, bevor
er zum König von Israel gekrönt wird. Schlüpfen Sie in die Rolle
Davids und schützen Sie Schafe vor wilden Löwen und Bären,
kämpfen Sie mit der Steinschleuder gegen Goliath, entkommen
Sie König Saul und befreien Sie Frau und Kinder aus den Hän-
den der Amalekiter!

Features: Rollenspiel, eingebettet in schnelle aktionsreiche
Handlungsab-läufe, verblüffend echte Spielsituationen, 32-Ka-
nal-Stereo-Soundtrack, sensationell hoch aufgelöste Grafiken
und 3D-Schauplätze, niveauvolle Fragen, durch die Sie Ihr Bibel-
wissen verbessern können, verschiedene Schwierigkeitsgrade für
Anfänger und Fortgeschrittene.

Ein Video-Spiel für Personal Computer, von Donnie Gosset.

Systemvoraussetzung: Ablauffähig auf IBM-kompatiblen Computern ab 640 KB Arbeitsspeicher *(davon müssen mindestens 570
KB RAM zur Programmausführung frei zur Verfügung stehen!).*

Läuft auf CGA-, Hercules-, EGA- oder VGA-Bildschirmen. Empfehlenswert ist jedoch ein SVGA-Monitor, der erst die rechte Farbenpracht in 256 Farbtönen zur Verfügung stellt.

Für den richtigen Sound sollte eine Soundkarte vorhanden sein. Unterstützt werden alle wichtigen Formate wie: Soundblaster, AdLib, Roland MT-32 oder LAPC-1. Die Musikklänge im 32-Kanal-Stereo-Verfahren sind sehr ansprechend.

Info:

Hänssler-Verlag GmbH
Bismarckstraße 4
73765 Neuhausen
Tel. (0 71 58) 177-0
Fax (0 71 58) 177-119

Kinder entdecken

Die Bibel — Das Neue Testament

Das Buch der Bücher zum Hören, Sehen und Erleben ...

Begeben Sie sich auf die Reise durch ein Buch, das, obwohl es bereits 2000 Jahre alt ist, bis heute nichts von seiner Bedeutung und Aktualität verloren hat: das Neue Testament der Bibel.

Auf vielen aufwendig gemalten und illustrierten Abbildungen entsteht vor Ihren Augen das Palästina zur Zeit Christi. Die

Stimmen vieler professioneller Schauspieler sowie ein einzigartiger Soundtrack schaffen einen lebendigen Zugang zur Geschichte von Jesus und den Aposteln.

Zusätzlich enthält das Programm ein Bibel-Lexikon, in dem auf vielen Orginalfotos, Abbildungen und Karten Informationen über die gesellschaftlichen und historischen Hintergründe jener Zeit vermittelt werden.

- Auf über 130 aufwendig gestalteten Full-Screen-Illustrationen wird die Geschichte des Neuen Testaments aufregend und kindgerecht nacherzählt.

- Per Mausklick erwachen die Bilder zum Leben, und die Personen beginnen in Hörspielqualität miteinander zu reden.

- Acht erfahrene Sprecher aus Funk und Fernsehen verleihen den einzelnen Figuren ihre Stimme.

- Das von Fachleuten erstellte Bibel-Lexikon wartet mit einer Fülle von gesellschaftlichen und historischen Hintergrundinformationen auf.

- Die einfache Maussteuerung macht die Bedienung zum Kinderspiel.

- Eine liebevoll animierte Cartoon-Figur namens Adam führt die Kinder durch die gesamte Kinderbibel und gibt Erläuterungen und Hilfestellungen.

- Das Programm wurde in enger Zusammenarbeit mit Theologen und Kirchenvertretern erstellt.

- Zusätzlich gibt es auf dieser CD ein nettes Memory-Spiel zur Bibel.

Bereits beim Start des Programms bekommt man einen guten Eindruck von der professionellen Reife des CD-ROM-Programms. Eine Bibel im Mittelpunkt — dazu Kirchenglocken — und plötzlich ein fröhlicher Rhythmus — da erscheint eine lustige Figur namens Adam und führt die jungen Anwender auf lebendige und doch zugleich geistlich anspruchsvolle Weise in die Welt der Bibel hinein.

Die Idee zu „Kinder entdecken die Bibel" stammt von Ralf C. Adam, der zugleich bei Sunflower auch die Projektleitung für die Realisierung übertragen bekam. Mitwirkende für diese CD waren nicht nur all die Programmierer, Zeichner, wissenschaftlichen und technischen Mitarbeiter, sondern ein besonderer Dank gebührt auch den Kindern der EC-Jugendgruppe Oberissigheim, die ebenfalls mit zur Entstehung beitrugen. Übrigens hat Logos erfahren, daß der Zeichner der wundervollen Aquarell-Gemälde, die zur Grundlage für die Computergrafiken dienten, einige Zeit für Walt Disney in den USA an der Entstehung des Kinofilms „Aladin" mitgearbeitet hat. Und dennoch handelt es sich bei diesem überaus professionell gemachten Computerprogramm nicht um ein vorwiegend kommerzielles Produkt. Das Ziel für „Kinder entdecken die Bibel" ist in den Augen Ralf C. Adams, junge Menschen in lebendiger und glaubenweckender Weise die biblischen Erzählungen ans Herz zu legen.

Was unterscheidet diese CD-ROM von einer gedruckten Kinderbibel?

Anders als in einem Buch werden hier die Geschichten als Hörspiel vorgetragen, während man die prächtigen Aquarellgemälde zu den Handlungen anschaut. Auf diese Weise prägen sich die Geschichten tiefer ein, als wenn jemand sie nur als Textvorlage liest.

Wo liegt der Unterschied zum Video oder zu einem Dia-Vortrag?

Anders als beim Film kann der Betrachter hier die Reihenfolge der Erzählungen sowie die dazu verwendete Zeit selbst einteilen. Desweiteren ist der Zuschauer durch die Möglichkeit, selbst interaktiv „in die Handlung einzugreifen", mehr mit der Erzählung verwachsen. Aus dem Zusehen wird ein Miterleben. Allerdings sind die Möglichkeiten des interaktiven Eingriffs in das Handlungsgeschehen dem Alter der Zielgruppe angepaßt. So gibt es neben der Auswahl der verschiedenen Spielszenen oft nur die Möglichkeit, Szenen zu wiederholen, vor- bzw. zurückzuspringen oder aber, und jetzt kommt das, was eigentlich unter „interaktiv" verstanden wird, der Anwender klickt auf eine der Personen im Bild und bekommt hierdurch eine zusätzliche Mitteilung oder erlebt eine ergänzende Handlung. Beispielsweise lassen sich Maria und Josef ebenso wie die Tiere bei der Krippe aktivieren. Welches Kind freut sich nicht auch über solche Kleinigkeiten wie ein Schaf bei der Krippe, das auf das Anklicken mit der Maus mit einem lauten „Määh!" reagiert.

Andererseits sind es manchmal auch gerade die Dialoge, etwa der des Engels mit Maria, die der Handlung die geistliche Botschaft verleihen.

Systemvoraussetzungen: mind. 386 DX-33, 4 MB RAM, Windows 3.1 oder höher, unterstützt auch Windows 95, Soundblaster oder kompatible Soundkarte, Maus, VGA 640 x 480 bei 256 Farben, Double Speed CD-ROM-Laufwerk.

Info:
Sunflowers Software GmbH
Birkenwaldstraße 38
63179 Obertshausen
Tel. (0 61 04) 98 15-0
Fax (0 61 04) 98 15-17

Die interaktive Reise durch das Leben Jesu

Die alte Geschichte neu erlebt: 26 spannende Erlebniswelten voller Spiel, Spaß, Musik und Film. Die CD-ROM ist eine Coproduktion der Zs Kommunikation Agentur für Werbung und Multimedia GmbH Köln und dem Verlag Neues Buch, Nidderau Ostheim in Zusammenarbeit mit dem Bibellesebund e.V. Marienheide. Für 49,95 DM ist sie seit September 1995 im Handel. Ein umfangreiches Multimedia Produkt, das von einem 20köpfigen Team von Theologen, Wissenschaftlern, Redakteuren, Grafikern und Programmierern realisiert wurde.

Das „Leben Jesu interaktiv" ist der Versuch, die junge Generation im Teenageralter, in humorvoller Weise, für die biblischen Erzählungen zu gewinnen. Farbige Aquarellzeichnungen, Videos aus dem Lebensalltag im heutigen Israel, Ton und Musik sowie ein Computerspiel, das sind die Werkzeuge, um dieses Ziel zu erreichen. Eine Comic-Figur namens Gottlieb Fromm führt den Anwender durch die Welt des Neuen Testaments zur Zeit Jesu. Ausgehend von einer Übersichtskarte zum Leben Christi gelangt man zu den einzelnen Lebensstationen. Interaktiv ist das Programm zu nennen, weil der Anwender selbst mit einbezogen wird. Er bestimmt nicht nur, welche Animation, welcher Text oder welches Video gestartet wird, sondern er hat auch einige Rätsel auf seinem Weg zu lösen. Um sich zwischendurch ein wenig zu entspannen, befindet sich auf der CD-ROM das bekannte und beliebte Spiel „Fünf gewinnt".

Der Bibellesebund Marienheide hat bereits verschiedene Aktivitäten unternommen, um junge Menschen mit Hilfe der neuen Medien zu erreichen. Dazu gehört unter anderem das Bible Shuttle, ein umgebauter Langbus, in dem auf mehr als zehn Personalcomputern Kindern die biblischen Erzählungen vorgestellt werden. Das Bible Shuttle ist seit 1995 bereits zu vielen Konferenzen, Ausstellungen, Kirchengemeinden, Schulen und anderen Veranstaltungen unterwegs gewesen. Interessenten können sich beim Bibellesebund über dieses Projekt informieren.

Zu den verschiedenen Bibelprogrammen, christlichen Computerspielen und Infotainmentprogrammen, die im Bible Shuttle gezeigt werden, gibt es nun auch die passende Bibel. Einen Sonderdruck der Deutschen Bibelgesellschaft, in ansprechender bunter Aufmachung, deren Titelseite mit einem Computer deutlich ins Auge fällt. Wie sagte doch schon Paulus: „Den Juden ein Jude und den Griechen ein Grieche" – und „junge Kommunikationsmedien für die junge Generation". Ende 1996 erscheint eine zweite interaktive Multimedia Bibel im gleichen Verlag. „Mose" erzählt die aufregende Geschichte des Auszugs Israels aus Ägypten. Videos, Zeichentricksequenzen und Spiele sorgen für eine bunte Mischung aus Action und spannender Unterhaltung.

Systemanforderung: mindestens 386er PC mit 4 MB RAM, Grafikkarte mit 256 Farben, bei 640 x 480 Auflösung, Microsoft Windows 3.1 oder höher, Double-Speed CD-ROM-Laufwerk, 8-Bit Soundkarte, PC-Lautsprecher

Info:
Bibellesebund-Verlag
Postfach 11 29
51703 Marienheide
Fax: (0 22 64) 71 55

Shalom Windows

ist ein unterhaltsames Bildungsprogramm aus Israel. Es enthält einen kleinen hebräischen Editor, über den in den mitgelieferten Truetypeschriften kurze Texte geschrieben und in andere Programme exportiert werden können. Man kann natürlich von rechts nach links schreiben. Zweitens enthält Shalom Windows etliche Fotos und Motive zu Israel und dem Judaismus, die als Bildschirmhintergrund in Windows verwendet werden können. Und drittens schließlich bietet das Programm mehrere israelische Hymnen und kurze Tonsequenzen, die in Windows als Systemklänge zum Programmstart usw. verwendet werden können. Shalom Windows macht dem Motto der Herausgeber alle Ehre: „make your PC Israel friendly". Trotz englischer Bedienung ist das Programm leicht zu handhaben. Der Preis beträgt etwa 75 DM.

Programm-Manager -
[Corel5]   ｜Adobe PageMaker 6.0
                         MUSTER.PM6

Info:
Davka Corporation
7074 N. Western Ave.
Chicago, Illinois 60645
USA

Bibel und Geschichte

Das Computerprogramm Bibel und Geschichte ist eins von drei Angeboten aus der neuen Software-Reihe des Bibellesebundes Marienheide. Für nur 25 DM bietet dieses Informations- und Unterhaltungsprogramm einen spannenden Einblick in die Geschichte der Entstehung und Überlieferung der Bibel vom Anbeginn der Welt bis zur modernen Gegenwart. In 48 Illustrationen und Animationen wird der Anwender mittels einer chronologischen Übersicht der Weltgeschichte informiert. Hier finden sich Informationen von den alten Ägyptern, über Alexander den Großen und das Römische Reich ebenso, wie Berichte aus dem kirchlichen Mittelalter, der Reformation oder der Neuzeit. Die Geschichte der Bibel wird hier aus der Zeit der Papyrus-Rollen bis zum Buchdruck, aus der Antike bis zur heutigen Übersetzung in fast 1000 Sprachen dargestellt."

Viele der farbigen Bilder überraschen durch einen ansprechenden Humor und teilweise integrierte Animationen (ein Multimedia-Element, das etwa kurzen Zeichentricksequenzen vergleichbar ist). Bei Bibel und Geschichte steckt sogar in den Details noch Intelligenz und Witz. So ist in dem Windows-Startsysmbol des Programms während der Anzeige im Windows-Programm-Manager sogar eine Kalenderanzeige integriert worden, die das aktuelle Tagesdatum anzeigt. Bibel und Geschichte ist ein grafisch sehr gut gemachtes, spannendes und recht informatives Programm für junge Menschen. Der Einsatz wurde konzipiert für den Bible Shuttle des Bibellesebundes Marienheide, eine fahrende „Computerschule". Ein umgebauter „Zieharmonika-Bus", der mit mehr als zehn Personal-Computern ausgestattet ist und optisch ansprechend gestaltet die Menschen bereits in vielen Städten über die Bibel und christliche Computeranwendungen informiert hat.

Zielgruppe für den Bible-Shuttle ebenso wie für das Programm Bibel und Geschichte ist die junge Generation, die sich leider oftmals nur sehr wenig für Glauben und Kirche begeistert. Diese jungen Menschen sollen in einer für sie interessanten Umgebung mit Christus vertraut gemacht werden. Extra für diese Einsätze ist in der Zusammenarbeit zwischen dem Bibellesebund und der Deutschen Bibelgesellschaft Stuttgart auch ein Sonderdruck der Bibel entstanden. Unter dem Titel „Gott Online" wurde hier die Bibel optisch ansprechend mit einem fetzigen PC auf der Titelseite gerade für Teenager von heute neu gedruckt.

Informationen über diese Projekte erhalten Sie beim Bibellesebund Marienheide unter folgender Anschrift:

Bibellesebund e.V.
Bible Shuttle
Postfach 11 29
51703 Marienheide
Fax (0 22 64) 71 55

Die Stiftshütte

Eine der Neuerscheinungen des Jahres 1996 ist die CD-ROM „Die Stiftshütte". Eine Produktion des Janz Teams in Zusammenarbeit mit IBS („Interaktives Bibelstudium"). Ziel dieses Projekts ist es, Bibeltexte und christliche Inhalte auf eine moderne Art und Weise dem Betrachter vorzustellen und in klar verständlicher Sprache näherzubringen. Das überkonfessionelle Missionswerk Janz Team bietet u. a. durch evangelistische Veranstaltungen, Schulungen, ein reiches Musikprogramm und den Einsatz von Multimedia ein interessantes Arbeitsprogramm an. Durch die Zusammenarbeit mit IBS wird der Bereich christliche Bildung im Missionswerk Janz Team um den Einsatz von CD-ROM erweitert. Im Laufe der nächsten Jahre soll diese Serie durch weitere Themen fortgeführt werden.

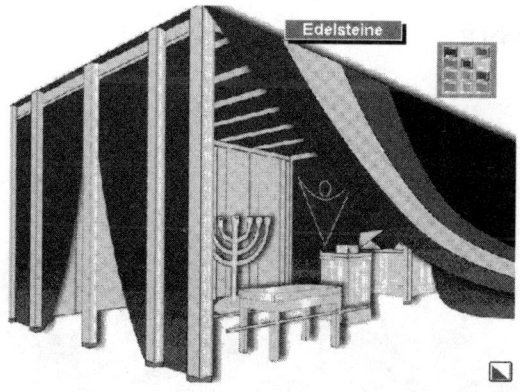

Ziel dieses interaktiven Programms „Die Stiftshütte" ist die Erarbeitung des biblischen Themas verknüpft mit Grafiken und Fotos und untermalt mit einer Hintergrundmusik nach J. S. Bach. Auf diese Weise unternimmt der Anwender des Programms eine „kleine Forschungsreise" durch das biblische Thema der Stiftshütte. Sehr ansprechend sind die Farbfotos zu Israel und der Sinaihalbinsel, welche diese Forschungsreise lebendig werden lassen. Die Bibelzitate wurden der Lutherübersetzung von 1984 entnommen. Zusätzlich enthält das Programm eine Notizfunktion für eigene Anmerkungen. Insgesamt eine interessante Bibelarbeit; da es sich um das erste Produkt dieser neuen Reihe handelt, darf man gespannt sein, was hier an weiteren Produkten kommen mag.

Systemanforderungen: PC 486 SX/DX, mindestens 4 MB RAM, mindestens 5 MB freier Festplattenspeicherplatz, CD-ROM-Laufwerk, Windows 3.1, VGA Grafikkarte mit 256 Farben, Soundkarte (optional)

Info:
Verlag Schulte und Gerth
Postfach 11 48
35607 Asslar

Farbfotos zur Reise der Stiftshütte

Bummel durch Jerusalem mit König David

Es ist eine ungewöhnliche Reise nach Jerusalem: Der Besucher wird nicht nur von zeitgenössischen Stadtführern begleitet, sondern wahlweise auch von Sultan Suleiman dem Prächtigen, König David, Knut dem Kreuzritter oder König Herodes.

Auf zwei CD-ROM stellt Softkey International die deutsche Version von „Pathways Through Jerusalem" vor. Die Software ist ab sofort für 89 DM im Handel verfügbar. Der Anwender begibt sich auf einen spannenden Streifzug durch Jerusalem, das zur Zeit verschiedener Epochen und Kulturen gezeigt wird. Dabei wird er von Musik, Filmsequenzen, digitalisierten Bildern und Erzählungen der unterschiedlichsten Stadtführer begleitet.

Per Mausklick besteht die Möglichkeit, den Rundgang zu unterbrechen, um zusätzliche Informationen aus der Datenbank oder der Zeitskala aufzurufen. „Pathways Through Jerusalem" enthält eine Datenbank mit 200 Einträgen zu Archäologie, Religion und Geschichte.

Zusätzlich werden alle Epochen anschaulich auf einer Zeitskala dargestellt. Dem Anwender wird eine Übersicht über 3000 Jahre Geschichte mit vielfältigen Einblicken in historische Zusammenhänge geboten. Der virtuell Reisende erhält eine bildhafte Darstellung seines Rundgangs. Je nach Interesse kann er die vorgegebene Route jederzeit verlassen und bestimmen, welche Sehenswürdigkeiten er besichtigen will.

Allen Anwendern, die sich für lebendig erzählte Geschichte oder das Zusammenleben verschiedener Kulturen auf engstem Raum interessieren, bietet „Pathways Through Jerusalem" Informationen und spannende Unterhaltung. Darüber hinaus können die beiden Silberscheiben auch zur konkreten Reisevorbereitung genutzt werden.

Erforderliche Mindestkonfiguration:

Windows: IBM-kompatibler Personalcomputer (ab 486er), 8 MB RAM, SVGA-Grafikkarte, CD-ROM-Laufwerk, Windows 3.1 (oder höher), Maus und Windows-kompatible Soundkarte.

Macintosh: 68030 (oder höher), 8 MB RAM, Double-Speed CD-ROM-Laufwerk, Maus, System 7.1

Info:
Softkey International GmbH
Meglinger Str. 20
81477 München
Tel. (089) 1431 2476

Hilfreiche Programme

„Choral"

Wenn der Computer Kirchenlieder spielt

Von den Böhmischen Brüdern zum Gesangbuch auf Diskette

Im Jahre 1501 sammelten die „Böhmischen Brüder" ihre Lieder in einem gemeinsamen, gedruckten Buch; die vorreformatorische Laienkirche hatte damit – zunächst in tschechischer Sprache – das Gesangbuch erfunden.

Inzwischen ist die neueste Version des evangelischen Gesangbuchs in der Vorweihnachtszeit des Jahres 1994/95 millionenfach in den Landeskirchen eingeführt worden. Besonders in Bayern hat man sich dabei durch eine hervorragende Öffentlichkeitsarbeit bemüht, dieses Liederbuch bekannt zu machen. Etwas ähnliches ist Herrn Demgensky aus Berlin gelungen, der in der Vergangenheit bereits viele Computeranwender durch ein elektronisches Gesangbuch erfreut hat. Zu seiner Datenbankoberfläche Elbikon gab es das alte evangelische Gesangbuch, welches als „kopierfreies" Programm durch die Mailboxen und Freeware-Verteiler vielfach weiterkopiert wurde. Man konnte zu jedem Lied den kompletten Text angezeigt bekommen und sich die Lieder über den PC-Lautsprecher vorsummen lassen. Wenn man ein Lied vergessen hatte oder sich vielleicht nur noch an einen bestimmten Begriff aus diesem Lied erinnerte, konnte mit der Konkordanzfunktion schnell Abhilfe geleistet werden.

Inzwischen gibt es eine professionelle Weiterentwicklung dieses Programms. Unter dem neuen Namen „Choral" ist es für 148 DM im Handel zu haben. „Choral" unterstützt nun auch Soundblasterkarten und erlaubt so, die Lieder bei herrlichem, raumfüllendem Klang auch mehrstimmig abzuspielen. Es gibt die Wahl zwischen Orgel, Posaune und vielen weiteren Instrumentenstimmen.

Ein weiteres Hilfsmittel in diesem Programm ist die Integration eines Anhangs, welcher auch über die Autoren der Lieder nähere Auskünfte gibt. So findet man zum Beispiel, über den Burgdorfer Liederdichter (Karl Johann) Philipp Spitta, neben seinen sechs in das Gesangbuch aufgenommenen Liedertexten, auch eine auf sieben Zeilen zusammengefaßte Kurzbiographie.

Choral wird vertrieben durch den Verlag „Neues Buch" in Nidderau. Es gibt eine DOS- und eine Windows-Version.

Info:
Neues Buch
Hanauer Str. 1
61130 Nidderau — Ostheim
Tel. (0 61 87) 2 34 44
Fax (0 61 87) 2 48 34

Die Herrnhuter Losungen auf dem Personal Computer

In Anlehnung an die gedruckten Losungen, die seit 1731 von der Brüdergemeine weltweit herausgegeben werden, erscheint hier an jedem Kalendertag ein unter Gebet ausgewähltes Bibelwort als Ermutigung für den Tag. In die autoexec.bat eingebunden begrüßt das Programm den Anwender schon gleich nach Einschalten des Computers mit einem frischen und ermutigenden Wort Gottes. Ebenso können Sie die Losungen für 1997 auch unter Windows benutzen. Für Windows wurden die Losungen inzwischen völlig neu überarbeitet und in einen Terminkalender integriert. Nach Einbindung des Losungsprogramms in die Autostartgruppe begrüßt Sie Windows künftig mit der aktuellen Tageslosung und Ihren persönlichen Terminen für den Tag. Wahlweise können Sie die Tageslosungen auch als Bildschirmschoner aktivieren.

Das leicht zu bedienende Programm wird auf einer 3,5"-Diskette für DOS und Windows ausgeliefert. Sie benötigen mindestens einen 386er Computer mit 4 MB RAM, MS-DOS 5 und Windows 3.1 oder höher und etwa 3 MB freien Festplattenspeicher. Die Losungen 1997 kosten inklusive Terminkalender nur 19,95 DM. Hierfür erhält der Anwender einen ausgereiften Terminplaner mit vielfältigen Möglichkeiten für die individuelle Nutzung. Dazu gehören zum Beispiel unterschiedliche Pläne für Tages- und Wochenübersicht.

Über Windows haben Sie die Möglichkeit, Eintragungen mittels der Zwischenablage in andere Anwendungen, wie Excel oder Word zu übernehmen. Auch die Gestaltung des Bildschirms bietet Ihnen viele Optionen. Sie können die Losungen in Kurzform betrachten oder auch in der ausführlichen Darstellung mit mehreren Textversen, Angabe des Bibeltextes zur Tageslese und einer Liedempfehlung.

Info:
Hänssler-Verlag GmbH
Postfach 12 20
D-73762 Neuhausen
Tel. (0 71 58) 1 77-177
Fax (0 71 58) 1 77-119

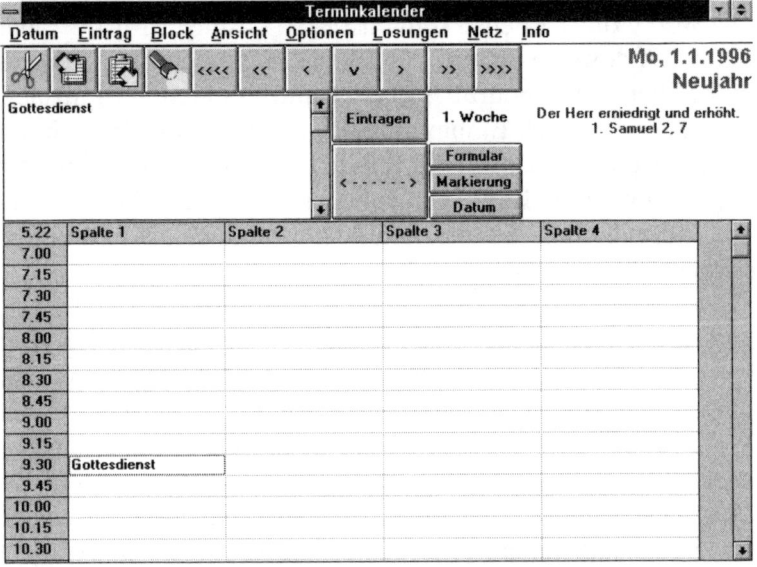

Bildschirmansicht „Losungen 1997" mit Terminkalender

Neukirchener Kalender

Jahreslosung 1996:

„Die Güte des Herrn ists, daß wir nicht gar aus sind, seine Barmherzigkeit hat noch kein Ende."

Klagelieder 3, 22

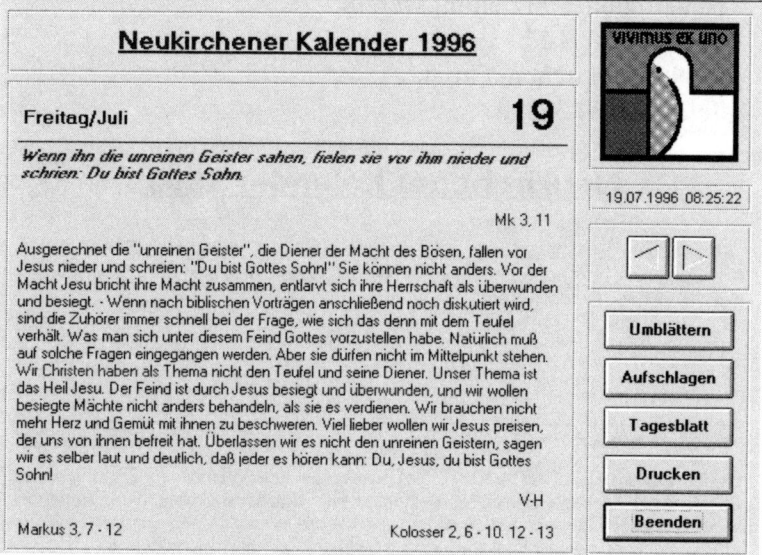

„In einer Zeit großer Veränderungen und Traditionsabbrüche freue ich mich, daß noch immer und zunehmend grenzüberschreitend viele, viele Menschen durch die tägliche Bibellese und Andacht des Neukirchener Kalenders auf dem gemeinsamen Weg des Glaubens, der Liebe und der Hoffnung miteinander verbunden sind."

Pastor Dr. Rudolf Weth
(Direktor des Neukirchener Erziehungsvereins)

Das Computerprogramm „Neukirchener Kalender für Windows" kostet 10 DM und kann direkt beim Neukirchener Erziehungsverein bestellt werden. Sie können das Programm in die Windows-Autostart Gruppe einbinden und werden so jeden Tag mit einem Wort Gottes begrüßt. Zu jedem Tag erhalten Sie etwa eine DIN-A4-Seite mit Bibelvers, Auslegung und einem kleinen „Zeugnis" aus dem Leben.

Neukirchener Erziehungsverein
Postfach 10 11 53
47496 Neukirchen-Vluyn
Tel. (0 28 45) 392-0

Neukirchener Kalender 1996

Jesus Christus herrscht als König, alles wird ihm untertänig, alles legt ihm Gott zu Fuß. Aller Zunge soll bekennen, Jesus sei der Herr zu nennen, dem man Ehre geben muß.##   Philipp Friedrich Hiller

Nicht so schüchtern!   19. 7. 96 Neuk. Kal.

Francis Edward Clark (1851 - 1927), der Gründer des Jugendbundes für Entschiedenes Christentum (EC), sagte einmal: Ich weiß von keiner Glaubensrichtung, deren Anhänger in Sachen ihres Glaubens so schüchtern sind wie die evangelischen Christen. Ein Mohammedaner steht fünfmal am Tag und betet, mit seinem Gesicht Mekka zugewandt, und kümmert sich nicht darum, wer ihn sieht, sondern bekennt: "Groß ist Gott, und Mohammed ist sein Prophet." Buddhisten habe ich den halben Tag lang murmeln hören: "Ich glaube an Buddha." Ich habe einen Soldaten der orthodoxen Kirche gesehen, wie er sich vor fünfhundert Kameraden bekreuzigte und betete, als wäre er mit Gott allein. Und wie oft habe ich in römisch-katholischen Kathedralen mehr Zeichen der Ehrfurcht und Hingabe an Gott beobachtet als in manchem evangelischen Gotteshaus. Ebendieser Bekennermut ist die Stärke eines Glaubens. Wir müssen uns schämen, wenn wir im Bekennen unseres lebendigen Herrn Jesus Christus so träge sind, der doch der Sohn des einzig wahren Gottes ist.

Lied: Jesus Christus herrscht als König . . .

Zurück zum Kalenderblatt

Computermission verschenkt jährlich 20.000 Disketten

Seit fast vier Jahren gibt es innerhalb des CVJM in Sinsheim den eigenständigen Arbeitszweig der Computermission. Die Computermission möchte nicht nur die verschiedenen christlichen Mailboxen unterstützen, sondern sieht eine wesentliche Aufgabe darin, auf diversen Messen und Konferenzen Info-Arbeit zu leisten und christliche Software kostenlos weiterzugeben. So wurden in den letzten vier Jahren jährlich rund 20.000 Disketten mit christlichen Spielen, Bibelquiz und Bibeln verbreitet.

Allerdings betont Herr Grittmann, daß die Computermission die Disketten ausschließlich für missionarische Zwecke verschenkt. Man möchte nicht von sparsamen Theologen oder Studenten „mißbraucht" werden, welche die Programme doch besser bei Sharewareanbietern oder im üblichen Handel erwerben sollten.

Andererseits möchte man die missionarische Ausbreitung über das neue Medium „Diskette" gern unterstützen. So können sich interessierte Personen, welche diesen Dienst unterstützen möchten oder vielleicht planen, selbst so eine Arbeit in ihrer Umgebung aufzubauen, gern an Herrn Grittmann wenden. Auch Seminare für „Computermissionare" werden von der Computermission angeboten.

Daß in unserer modernen technischen Welt der Glaube aus dem Computer kommen kann, behauptet Georg Grittmann aus Sinsheim-Reihen (Nordbaden) in einem Pressegespräch. Der gelernte Elektriker ist 1. Vorsitzender des dortigen CVJM (Christlicher Verein Junger Menschen). Seit sechs Jahren betreibt er ehrenamtlich eine christliche Mailbox, die CVJM-Box. Neben den vielen Mailboxen, die es landesweit gibt, drehen sich hier die Themen hauptsächlich um Glaubensdinge. „Was der Computerfreak auf seinem Monitor liest, ist für ihn die Wahrheit, deshalb soll er in der Mailbox die Wahrheit von Jesus Christus lesen können", statuiert Grittmann.

Daß es Computerbegeisterte gibt, die dieses Angebot nutzen, zeigt die Tatsache, daß kürzlich der 30.000ste Anrufer registriert wurde. Die CVJM-Mailbox hängt im LifeNet-Verbund christlicher Mailboxen und ist unter der Nummer (0 72 61) 1 37 08 über ein Modem von jedem Computer aus anzapfbar. Diesen Verbund von 60 Boxen in Deutschland, Holland, Belgien und Finnland gibt es seit Mai 1990. Über 400 treue Mailboxnutzer hängen regelmäßig an diesem Netz als sogenannte Points.

„Eine Nachricht in eine Box eingegeben, wird über Nacht an alle anderen verteilt und somit am nächsten Tag von mehr als tausend Leuten gelesen." Diese Boxen haben ein Motto: „Jesus lebt, und alle am Draht sollen es wissen!" Auf die Schnelle, so Grittmann, könne er einige Namen nennen von Leuten, die durch diese Missionstätigkeit zum persönlichen Glauben an Jesus Christus gekommen sind. Mit „Sektiererei" habe das aber nichts zu tun, „durch klare Informationen warnen wir sogar unsere Anrufer davor". Um auch diejenigen zu erreichen, die nicht am „Draht" hängen, wurde inzwischen die Computermission ins Leben gerufen. Mit Disketten sollen die Freaks sinnvoll beschäftigt werden. „Bibelquiz" und „Words of Jesus" bringen die Leute auf andere Gedanken: „Spielen ohne Killen", so Grittmann.

Info:
CVJM-Box + Computermission
z. H. Georg Grittmann
Forstweg 13
D-74889 Sinsheim-Reihen
Tel. (0 72 61) 44 13
Fax + Modem (0 72 61) 1 37 08

Jesus auf der Datenautobahn

Christen weben ein weltweites Netz der Freundschaft

Die legendäre „Datenautobahn" Internet — wie sie entstand und wie sie funktioniert

Entworfen wurde das Computernetzwerk in den 60er Jahren in den USA für militärische Zwecke. Die amerikanische Armee verfügte damals über ein großes Computersystem. Andere Organisationen — zum Beispiel die NASA und die Universitäten — hatten eigene Netzwerke. Nachteilig wirkte sich aus, daß die Organisationen nicht miteinander in Verbindung standen und nicht dieselbe Sprache redeten. Es gab keinen Zugriff auf die Fülle der in ihnen gespeicherten Informationen. Das würde sich ändern, wenn man die Netzwerke koppeln könnte.

Es entstand zunächst das ARPAnet, ein wissenschaftliches Experiment mit einem militärischen Hintersinn. Während herkömmliche Kommunikationsstränge etwa durch einen gewaltigen elektromagnetischen Schock, ausgelöst durch einen möglichen Atombombenschlag oder durch Sabotage, zerstört werden konnten, webte man jetzt ein Gespinst. Anstelle des zentralen Rechnerverbunds sollte ein Netz, bestehend aus vielen Knotenpunkten, aufgebaut werden. Per Telefonleitungen wurden Computerinseln verbunden, zwischen denen sich dicht gepackte Datenpakete — auch über Umwege — schnell und sicher befördern ließen; denn schließlich ist es nicht möglich, alle Fäden zu zerschneiden.

Um die Organisationen mit ihren eigenen Computernetzen koppeln zu können, wurde ein sogenanntes „Protokoll" entwikkelt — ein technisches System für die Kommunikation zwischen unterschiedlichen Rechnertypen — TCP/IP genannt: Transmission Control Protocol/ Internet Protocol. Das Internet, ein Hypernetzwerk korrespondierender Computerinseln, war geboren. Scheinbar „bombensicher" . . .

Der Einstieg für private Nutzer erfolgt über einen anzuwählenden örtlichen Großcomputer, den gastgebenden „Host". Dieser ist über eine Telefonleitung mit hohem Datendurchsatz an das Internet-Netzwerk angeschlossen. Über den Host werden Ihre Daten in das Internet weitergeleitet bzw. gelangen aus dem Datennetz zu Ihnen.

Was einst militärischen Zwecken dienen sollte, ist heute die Krönung des Online-Spaßes: Weltweit beteiligen sich geschätzte 50 Millionen Menschen daran. Besonders seit der Einführung des World Wide Web (WWW), mit seiner grafischen Benutzeroberfläche, erlebt das Netz einen unvergleichlichen Boom mit jährlichen Zuwachsraten von bis zu 40 Prozent.

Das Internet ist kein kommerzieller Dienst. Programme, Grafiken, Musik, Videos, Infos und Neuigkeiten vieler Disziplinen, auch Diskussionsrunden, die den CompuServe-Foren ähnlich sind, gibt es fast immer gratis.

Die größte Stärke des Internets, der riesige Fundus an Daten aller Art, ist zugleich sein größter Schwachpunkt. Weil keine zentrale Stelle das angebotene Wissen verwaltet und ordnet (das Internet hat keinen Boß, nur freiwillige Arbeitsgruppen für technische Standards) stehen besonders Anfänger der Informationsflut zunächst etwas hilflos gegenüber. Das Internet erfordert von allen Diensten deshalb die meiste Einarbeitungszeit und vor allem gute Englischkenntnisse. Zur Zeit kommen noch ca. 70 Prozent der Internet-Nutzer aus dem anglo-amerikanischen Sprachraum.

Wer sich aber einmal die Mühe gemacht hat, wird manche Stunde vor dem Bildschirm sitzen, um von Computer zu Computer durch die Welt zu surfen, Gleichgesinnte und vielleicht auch Freunde zu finden.

Es gibt fast nichts, was es im Internet nicht gibt. Das Netz der Netze überzeugt vor allem durch seine multimedialen Fähigkeiten: Man kann im Internet nicht nur lesen, es bietet auch Videoausschnitte beispielsweise von der Wittenberger „Lutherhochzeit", einem jährlichen historischen Volkszug zum Gedenken an die Hochzeit Luthers mit Katharina von Bora im Jahre 1525; Fotos der Qumranrollen oder Musik verschiedener Kirchenmusiker. Voraussetzung dafür ist eine multimediafähige Software, wie sie beispielsweise von der Telekom millionenfach an ihre Kunden „verschenkt" wurde. Die Software gibt es für Windows, OS/2-Warp und von anderen Anbietern auch für Mac, Atari, usw. Das bekannteste Internet-Programm ist zur Zeit Netscape. Zwar sind die Fotos und Videos oft noch in bescheidener Qualität, doch der rasche Ausbau der sogenannten Datenautobahn soll hier künftig zügige Abhilfe schaffen. Der Alltagsnutzen des Internets ist besonders für deutsche Benutzer noch eher gering, aber auch hierzulande setzen immer mehr Unternehmen, Verlage und Institutionen auf den „Urvater" der Online-Dienste. Ob Nachrichtenmagazine, Tageszeitungen oder Programmzeitschriften, Datenbanken jeglicher Art — das deutschsprachige Angebot wächst ständig. Kürzlich hat die evangelische Kirche Bayerns ein Pilotprojekt im Internet gestartet. Hier finden sich Informationen ebenso wie Seelsorge-Angebote einer „Online Pfarrerin".

Man kommt mit dem Internet rund um die Welt, vom elektronischen Besuch im Vatikan bis zum Besuch im Weißen Haus (dort kann man z. B. Neues über den Präsidenten erfahren und sich ins Gästebuch eintragen). Selbst Informationen aus vielen Entwicklungsländern können über die dortigen Missionen abgerufen werden. Die Bedeutung des Internets zeigt sich auch darin, daß alle kommerziellen Online-Anbieter Zugang zum Internet bereits ermöglichen oder in Zukunft schalten wollen. Derzeit haben in Deutschland geschätzte zwei Millionen Personen Zugang zum Internet, und es werden täglich mehr.

PC, Software, Modem, Telefon

Die erforderliche Ausstattung

Voraussetzung für einen Internetzugang ist ein Personal Computer. Inzwischen gibt es geeignete Zugangs-Software für die meisten gängigen Rechnersysteme: für DOS, Windows 3.1, Windows 95, OS / 2 Warp, Unix, Macintosh, Atari und andere Systeme. Wer sich durch reine Textmengen wühlen möchte, dem genügt bereits ein sehr einfacher Rechner. Wer jedoch Multimedia liebt, sollte einen gut ausgestatteten Windows- oder Macintosh-Rechner benutzen.

Die notwendige Zugangssoftware für die Online-Dienste bekommt man meist gratis vom Vertragspartner, dem sogenannten Provider. Firmen wie die deutsche Telekom, Amerika Online, CompuServe oder das Microsoft Netzwerk haben große Rechnerkapazitäten, die mittels Glasfaserkabelverbindungen rund um die Erde im Internet verbunden sind. Wer also nicht die Chance hat, sich kostenlos als Angehöriger einer Universität über die institutseigenen Großrechner in das Internet einzuloggen, der muß auf einen sogenannten Provider zurückgreifen, der seine Rechnerkapazität gegen einen kleinen Mietpreis für Kunden öffnet. Bei der deutschen Telekom kostet der monatliche Zugang zum Beispiel 8 DM (plus anfallende Telefongebühren und einige Pfennige zusätzlich pro Nutzungsminute). Dafür bietet jedoch die Telekom als wohl einziger Anbieter flächendeckend eine Nutzung zum Ortstarif an. Viele der anderen Anbieter sind nur in den Großstädten zum Ortstarif erreichbar.

Der Anschluß vom Computer zum Telefon erfolgt über ein sogenanntes Modem. Ein schnelles Modem mit 28.800 Bit pro Sekunde Übertragungsrate gibt es serienmäßig schon für rund 250 Dm. Derartige Modems können entweder bequem außen an die serielle Schnittstelle („Mausanschluß") angeschlossen oder in Form einer Steckkarte in das PC-Gehäuse eingebaut werden. Die Verbindung zur Telefonsteckdose erfolgt über normale Telefonkabel mit TAE-Stecker, wie man sie in jedem Kaufhaus erwerben kann.

Seit Herbst 1995 hat die Telekom bundesweit ihr Telefonnetz so umgestaltet, daß man den hauseigenen Service T-Online, Deutschlands größten Onlinedienst, bundesweit mit 14.000 Baud (Bit pro Sekunde) nutzen kann. Wer es noch schneller liebt, kann für ca. 50 DM monatlich einen ISDN-Anschluß beantragen, der dann selbst auf dem Land Telefonverbindungen mit 64.000 Baud ermöglicht. Bis 31. Juni 1996 förderte die Telekom die Anschaffung eines ISDN-Anschlusses mit 300 DM Gutschrift (bis 700 DM bei größeren Telefonanlagen) aufs Telefonkonto. Ein ISDN-PC-Anschluß kostet zusammen mit einem Adapter etwa 400 DM. Der Adapter ist erforderlich, um auch das alte Telefon/Fax weiter nutzen zu können. Dafür bietet ISDN dem Nutzer die Möglichkeit, bis zu drei Telefone (bzw. Fax oder Anrufbeantworter) auf einer Leitung zu betreiben.

Softwareinstallation und Nutzung

Um die Software auf dem PC zu installieren, benötigt man die Disketten und Handbücher des Onlinedienstanbieters. Oft sind diese Materialien kostenlos in Computerzeitschriften beigelegt, um neue Kunden zu gewinnen, oder man erhält sie gratis bei Vertragsabschluß mit den notwendigen Paßwörtern zugesandt. Ein Paßwort ist nötig, damit die Nutzung abgerechnet werden kann. Ohne Paßwort bekommen Sie keinen Zugang. Das Paßwort (und eventuell noch eine zusätzliche Kennnummer) werden Ihnen per Einschreiben zugesandt und sollten dann gut aufgehoben werden.

Für bisherige BTX-Nutzer ist der Zugang zu Internet und eMail übrigens seit September 1995 allgemein möglich. Andere Nutzer, die vorher noch keinen Online-Dienst angewandt haben, erhalten mit der Anmeldung beim Dienstleister auch die Software und die notwendigen Handbücher. Die Installation der Programme ist in den meisten Fällen unproblematisch. Allerdings sollte man sich – wie so oft am Computer – auch nicht vor unerwartet auftretenden Problemen fürchten. Bei der Erstinstallation benötigen Sie Ihr Paßwort, Ihre Telefonnummer und gegebenenfalls auch die Nummer Ihres anzuwählenden Dienstleisters. Nach abgeschlossener Installation wählt sich der Computer künftig automatisch ein.

Wenn der PC, der Telefonanschluß, ein Vertrag mit einem Onlinedienst, das Modem und die richtig installierte Software vorhanden sind, genügt nur noch ein Mausklick, um auf die weltweite Datenautobahn zu gelangen.

Bei den geschlossenen Onlinediensten wie CompuServe, MSN, AOL oder der Telekom helfen Ihnen Inhaltsverzeichnisse zu den für Sie interessanten Themen. Anders beim Internet, dem gigantischen Netz der Netze, mit bis zu 50 Millionen Nutzern weltweit. Aufgrund der dezentralen Struktur hat man es im Internet schwerer, gewünschte Informationen zu finden. Mit etwas Glück haben Sie aber auch hier die Möglichkeit, erste Schritte per Mausklick über die vom Anbieter integrierten Startmenüs vornehmen zu können. Telekom-Online bietet zum Beispiel sogar einige Schlagwortsuchfunktionen in der Software an, die es Ihnen ermöglichen, per Mausklick einen beliebigen Begriff in den vielen Millionen von Dokumenten in wenigen Sekunden (!) zu finden. Für die meisten Neulinge ist das Internet jedoch anfänglich ein Irrgarten, ein bedrohlich erscheinender Dschungel. Wie bei vielen anderen ausländischen Online-Diensten sind mehr als die Hälfte der Angebote in englischer Sprache.

Elektronische Post

„Im Internet dauert die Zustellung eines Briefes so viele Sekunden, wie bei der Post Tage." Dieses Zitat aus einer Internetdiskussion beschreibt recht treffend den Hauptvorteil der elektronischen Post (eMail). In kürzester Zeit können Nachrichten wie Texte, Bilder, Ton oder Video rund um den Erdball versandt werden. Gerade für die christliche Generation des ausgehenden 20. Jahrhunderts ist die schnelle Übermittlung von Informationen rund um die Erde ein bezeichnendes Charakteristikum geworden. So können beispielsweise Mitteilungen christlicher Hilfswerke in der sogenannten Dritten Welt in kürzester Zeit die Mutterorganisationen in den Heimatländern erreichen. Notwendige Hilfe und Unterstützung, wie auch die Planung, Organisation und Logistik von Einsätzen können nun effizienter gestaltet werden als je zuvor. Ein Beispiel: Ein Dokument von 15 Seiten mit der Post versandt, benötigt je nach Entfernung Tage bzw. Wochen, bis es den Empfänger erreicht hat. Das gleiche Dokument mit dem Fax versandt benötigt zwölf bis 15 Minuten Übertragungszeit, und man bezahlt die entsprechenden Telefongebühren, das können bei Auslandsverbindungen leicht 20 DM und mehr sein. Die Übertragung per eMail dauert hingegen weniger als eine Minute, und man bezahlt nur die Verbindung zum Ortstarif, bzw. bei einigen Anbietern den Region-50-Tarif. Man spart also viel Geld. Jedoch muß der Briefpartner ebenfalls einen eMail-Anschluß besitzen.

Eine eMail-Adresse besteht aus dem Nutzernamen des Empfängers, dem Zeichen „@" und daran anschließend dem vollständigen Namen des Computernetzdienstes. Als Beispiel sei hier die Logos-eMail-Adresse genannt: „Logos@t-online.de". Dabei ist Logos der Anwendername, „@" (gesprochen „at") verweist auf den zugehörigen Computernetzdienst, in unserem Fall der deutschen Telekom. Die Endung „de" für Deutschland ist eine von

verschiedenen weltweit festgelegten Endungen, die den Compu-
terdienst nach Region oder Art der Anwendung näher lokalisie-
ren.

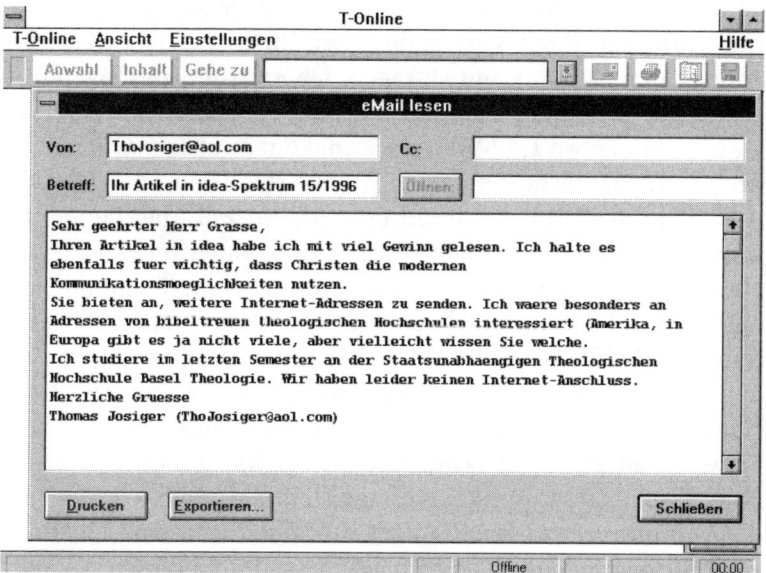

Die elektronische Post gelangt von Ihnen in das Computernetz Ihres Online-Dienstes. Von dort wird es in Sekunden über
die weltweiten Telefonnetze weitergeleitet und gelangt so bis
zum Computer Ihres Kommunikationspartners. Sollte der Ad-
ressat gerade nicht „online" sein, also sein Computer „telefoniert
gerade nicht", dann landet die Mitteilung in einem elektronischen Briefkasten seiner Telefongesellschaft, und bei der nächsten Einwahl bekommt der Briefpartner eine Mitteilung über die
eingegangene Post. Während die Mitteilung über Posteingang
zumeist optisch geschieht, wird man beispielsweise bei Amerika
Online (AOL) akustisch darauf aufmerksam gemacht: „Sie haben Post."

Online-Homebanking

Einer der populärsten Dienste im deutschen Onlineangebot
ist das sogenannte Homebanking. Hier können Sie mittels eines
persönlichen Paßwortes daheim am PC, über die normale Telefonleitung mit Ihrer Bank verbunden, Ihr Konto verwalten. Sie
können den Kontenstand abfragen, Überweisungen tätigen und
verschiedene andere Bankdienste nutzen. Zur Zeit werden in
Deutschland etwa 1,5 Millionen Bankkonten über T-Online verwaltet. Der deutsche Anbieter T-Online (ein Dienst der Telekom
AG) ist in diesem Bereich mit etwa 95 Prozent Marktanteil der
wichtigste Anbieter. Im Unterschied zu einem offenen Netz wie
etwa dem Internet sind bei dem geschlossenen T-Online-Netz
optimale Sicherheitsvorkehrungen möglich. So brauchen Sie bereits zwei Schlüssel (Paßwort und Kennummer), um überhaupt
in T-Online zu gelangen. Dann werden Sie nach Anwahl Ihrer
Hausbank zur Eingabe Ihrer Kontonummer und eines weiteren
Paßworts aufgefordert. (Hierbei wird bereits vom Computer der
Bank festgehalten, wer die Anfrage stellt.) Wenn Sie schließlich
die Verbindung zur Bank aufgebaut haben und eine Überwei-
sung tätigen möchten, dann benötigen Sie für diesen Vorgang
eine sechsstellige Transaktions-Nummer. Diese sechsstellige
Transaktionsnummer (TAN) gilt als Unterschrift und ist jeweils
nur für einen einzigen Vorgang gültig. Die TAN-Nummern erhalten Sie persönlich von Ihrer Bank. Sie bekommen dort bei der
Anmeldung zum Homebanking-Service eine Liste mit hundert
TAN-Nummern. Wenn diese verbraucht sind, erhalten Sie eine
neue Liste. Einen derart umfassenden Service kann nach Meinung vieler Kunden derzeit nur T-Online bieten. Obwohl natürlich nach und nach auch andere Anbieter nachziehen werden.
Abzuraten ist jedoch vom Geldtransfer über das Internet. Jede
Information, die Sie im Internet weitergeben, etwa eine Kredit-
kartennummer, kann von Spezialisten weltweit „mitgehört" werden. Hingegen bietet T-Online die besten Schutzmechanismen

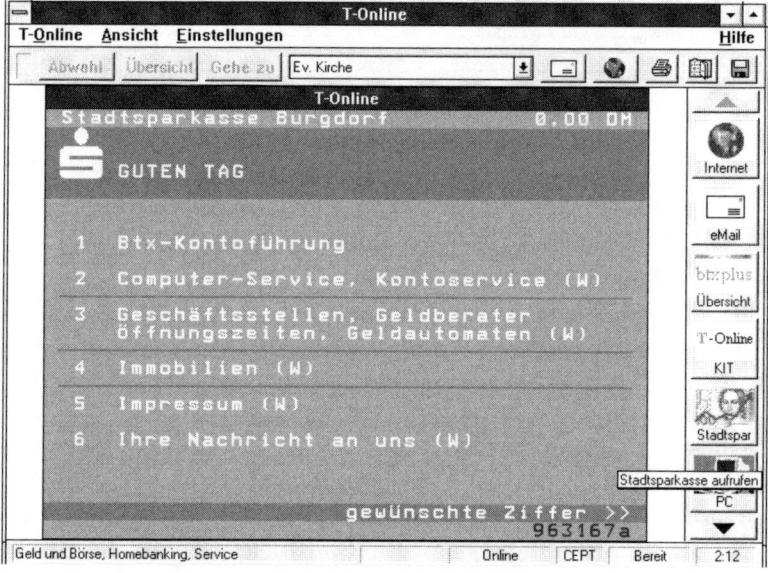

und als ein zentrales Computersystem können hier die Daten nicht ohne weiteres „mitgehört" werden. Viele Institute nutzen T-Online sogar für den Aktienhandel.

Fazit: Wer sich nicht mit den wenigen Öffnungsstunden der Banken begnügen möchte, kann über T-Online seine Bankgeschäfte bequem am heimischen PC tätigen. Weder in der Nacht noch am Wochenende wird er künftig vor geschlossenen Türen stehen.

Viele Banken bieten das Homebanking als Service an

Wie surft man im Internet

Um eine Adresse im Internet anzusteuern, benötigt man eine entsprechende Software. Diese Programme werden Webbrowser genannt. Die bekanntesten sind „Netscape" oder „Java". In der Software gibt es eine Eingabezeile für die Internetadresse, die

angesteuert werden soll, ähnlich wie eine Postanschrift oder etwa die Seite in einem bestimmten Buch, die in einer Bibliothek aufgeschlagen werden kann.Wie die Skizze zeigt, beginnt eine solche Adresse meist mit dem Kürzel: „http://www". Anschließend wird die eigentliche Adresse eingegeben, z. B. „ekd.de". Dabei wird zuerst der Name des Servers angegeben. „EKD" steht für die Evangelische Kirche Deutschland. Das Kürzel „.de" ist eine Erweiterung, die auf eine umgrenzte Gruppe von Servern verweist. In diesem Fall handelt es sich um Server in Deutschland. Andere Endungen sind z. B. „com" für kommerzielle Anbieter, „org" für Organisationen, „gov" für Behörden, oder „edu" für Bildungseinrichtungen. Während das Internet ansonsten keiner Kontrolle unterliegt, sind diese technischen Dinge in detaillierten Regeln zusammengefaßt. Sie werden von einem speziellen Gremium beschlossen und durchgesetzt.

Wenn Sie eine bestimmte Internetadresse oder ein bestimmtes Internetangebot oder Dokument suchen, können Sie diese mit Hilfe von verschiedenen Suchmaschinen ausfindig machen.

Die bekanntesten Suchmaschinen für das Internet sind derzeit die folgenden Dienste: „Webcrawler", „Yahoo", und für das deutsche Internet „Web.de". Meist sind diese Hilfsmittel leicht zu bedienen. Auf dem Yahoo-Server, zum Beispiel, geben Sie nur den Suchbegriff ein und starten per Mausklick die Suche durch mehr als 30 Millionen archivierte Dokumente. Sie können aber auch nach bestimmten Angebotsgruppen suchen. Häufig

gibt es Gruppen wie „Religion", „Unterhaltung", „Bildung", „Computer", „Sport", „Politik" und anderes. Wenn Sie schließlich etwas zu Ihrem Interessengebiet gefunden haben, dann gibt es dort häufig Querverbindungen zu anderen Anbietern der selben Interessengruppe, die per Mausklick erreicht werden können. Und so reist man oft ohne es zu merken schnell von einem Angebot zum anderen, und dies rund um die Welt. Vorsicht, selbst wenn Sie einen preiswerten Internetzugang zum Ortstarif nutzen, können sich hierbei schnell hohe Telefonrechnungen ansammeln.

Für die Suche nach christlichen Themen sind säkulare Suchmaschinen wie der „Webcrawler" oder „Yahoo" jedoch oft weniger
geeignet. So findet man hier häufig christliche Kirchen gleichbe-
rechtigt neben Sekten, Okkultismus und anderen Kulten. Wenn
Sie hingegen nach wirklich christlichen Themen suchen, sollten
Sie auch spezifische Hilfsmittel und Kataloge nutzen.

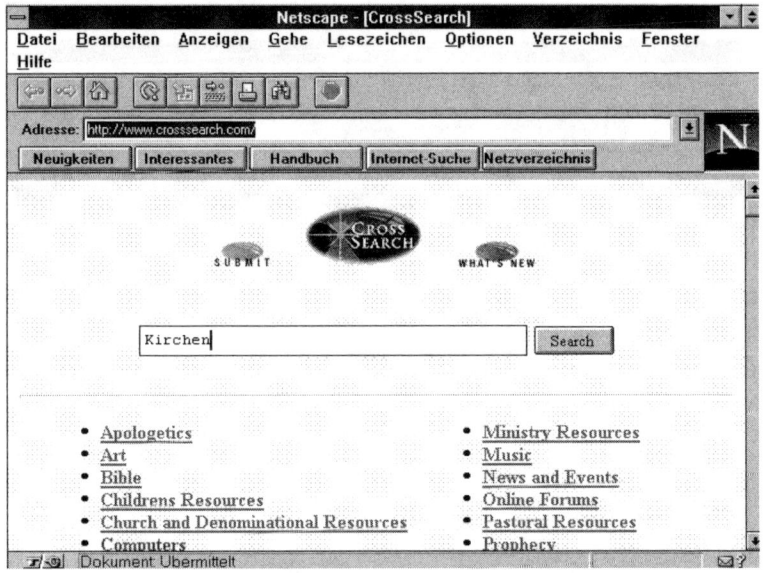

Das zur Zeit größte Verzeichnis christlicher Webseiten weltweit ist der CrossSearch Server in den USA. Hier finden Sie als
Hilfe für Ihre Suche ein Archiv von derzeit rund 6000 christlichen
Dokumenten aus allen Ländern. Wiederum können Sie entweder
nach Gruppen suchen oder nach Stichworten abfragen.

Umfangreiche deutsche Listen gibt es beispielsweise auf den
Internetseiten der EKD, der katholisch-theologischen Fakultät der
Uni Passau, auf der Jesus Web Page oder der Internetadressenliste
von Peter Graße *[http://members.aol.com/pgrasse/bookmark.html]*.

Der Chatroom

„Chatten" bedeutet in der englischen Sprache soviel wie plaudern, schwatzen. Ein Chatroom ist also ein Raum, in dem Internet-„Surfer" aus aller Welt sich zu einem gemütlichen Gespräch treffen. Natürlich besteht dieser Raum nicht geografisch, sondern eben nur im Netz. Es ist ein bestimmter Speicherplatz auf einem Computer, der dort zum „Plausch" reserviert und eingerichtet wurde. Sie wählen von irgendeinem Punkt der Welt die Adresse dieses „Raums" an. Nach wenigen Sekunden bereits befinden Sie sich mitten in einer Konferenz mit Gesprächspartnern aus aller Welt. In einer netten, anregenden Umgebung — sprich also mittels eines optisch und technisch ansprechenden Bildschirmprogramms — wird es Ihnen leicht gemacht, mit den anderen ganz zwanglos zu kommunizieren. Hier gibt es keine Titel und „Vorstände", sondern hier ist jeder einfach nur er selbst. Im Chatroom redet man sich zumeist sogar per „Du" an. Aus dem Prof. Dr. theolog. Bernd von Rauschenstein wird auf einmal der Bernd von nebenan, mit dem man sehr angenehm über die kleineren und größeren Dinge des Lebens sprechen kann.

Es gibt die unterschiedlichsten Chat-Räume im Internet. In manchen wird über Musik, Politik oder Wissenschaft gesprochen, andere dienen jungen Leuten zum gegenseitigen Kennenlernen. Häufig bestimmt also der „Raum" auch die inhaltliche Zielsetzung der Gespräche. In einigen wird derb-vulgär über Unsinnigkeiten gesprochen, in anderen hochspezialisiert über Fachthemen konferiert. Jedem wird hier also etwas geboten, keiner kommt zu kurz.

Besonders zu beachten ist die besondere Umgangsform im Internet, die sogenannte Netiquette. Neben dem grundsätzlichen Du gibt es bei eingefleischten Freaks auch besondere Formen, um Gefühlsstimmungen mit vereinbarten Floskeln oder

Sonderzeichen der Tastatur auszudrücken. Zum Beispiel mittels der sogenannten Smilys: „☺ ☹ ".

Leider wird in vielen Internet-Chatrooms zur Zeit jedoch nur in englischer Sprache geplaudert. Deutsche Chatrooms kommen erst allmählich hinzu. Hierfür gibt es folgende Gründe: Englisch ist die meistverbreitete Sprache der „westlichen Welt". Die USA hat insbesondere seit einer Initiative ihres Vizepräsidenten Al Gore die flächendeckende Ausbreitung der Computertelekommunikation zu einer Hauptpriorität gemacht. Durch eine optimale Infrastruktur im Bereich der Datenautobahn erwartet man dort nicht zuletzt auch einen Wettbewerbsvorteil. Nebenprodukt ist nun die hohe Verbreitung preiswerter Hightech-Computer und die große Dichte des Telefonnetzes inklusive vielzähliger Onlinedienste. Jeweils mehr als vier Millionen Kunden haben allein AOL und CompuServe nur in den USA. Daneben gibt es die unzähligen anderen Onlinedienste. Weitere Gründe für die rasche Ausbreitung der Onlinetechniken in Amerika sind etwa das bereits erwähnte Programm von Vizepräsident Al Gore, der sich das Ziel gesetzt hat, alle Schulen an das Internet anzuschließen, aber auch die oftmals preiswerteren Telefongespräche machen die Onlinekommunikation in den Staaten leichter als bei uns. Selbst in Europa sind uns die skandinavischen Länder und die Schweiz in der Computerausbreitung weit voraus.

So möge es der Leser verzeihen, wenn ich während der Zeit, in der sich die deutsche Szene erst noch im Aufbau befindet, an dieser Stelle auf zwei großartige Chat-Räume im Ausland verweise. Das erste ist der christliche Chatroom von Dominica Anderson in den USA.

Dominica Andersonss christlicher Chatroom
http://chatweb.com/dominica/chat.cgi

Hier finden sich zu fast jeder Tages- und Nachtzeit immer Menschen, die miteinander über Fragen des Glaubens sprechen wollen. Christen, die Trost oder Ermutigung suchen, andere die nur miteinander plaudern mögen oder ernsthaft suchende Men-

schen. So mancher, den ich hier traf, kam vorbei, weil seinem Leben noch die Beziehung zu Gott fehlte. Erst unterhielt man sich über die scheinbare Sinnlosigkeit des Lebens, über Fragen bezüglich der Esoterik oder anderer moderner Strömungen und schließlich erkennt man im Gegenüber das ernsthafte Verlangen, Christus persönlich kennenlernen zu wollen. Um sich ein gutes Bild einer konstruktiven „Plauderei" in einem Chatroom zu machen, bieten sich hier optimale Möglichkeiten. Sie können mittels Ihrer Tastatur sofort am „Gespräch" mit teilnehmen. Am Bildschirm erscheinen die jeweiligen Aussagen von Ihnen und den anderen Konferenzteilnehmern.

Um einen Chatroom effizient nutzen zu können, müssen eine
Vielzahl von Bedingungen zusammenwirken. Erstens muß eine
möglichst gute Telefonverbindung über ein schnelles Modem
(28.800 oder höher) vorhanden sein, dann sollte es ein möglichst
moderner Computer sein. Der Internet-Anschluß müßte idealerweise zum preiswerten Citytarif zur Verfügung stehen. Denn bei
einer solchen Plauderei könnten sonst ungeahnte Telefonkosten
entstehen. Darüber hinaus muß natürlich die Technik des Computers, auf dem der sogenannte Chatroom installiert wurde, vom
Besten sein, was heute möglich ist. Er sollte beispielsweise eine
hochleistungsfähige Telefon-Standleitung besitzen, mehrplatz-
fähig sein, so daß viele Anwender gleichzeitig „chatten" können,
und was auch nicht zu vergessen ist, der Raum muß angenehm
sein. Das bedeutet, das Programm sollte optisch ansprechend
und einfachst zu bedienen sein. Per Mausklick muß jeder Anwe-
sende sofort seine Nachrichten absenden können. Auf dem Bildschirm sollten die Antworten aller Teilnehmer sofort sichtbar
sein. Darüber hinaus spielt selbstverständlich auch die Qualität
der Kommunikation eine große Rolle. Niemand fühlt sich wohl,
wenn nur Unsinn geschnattert wird. Hierin liegt die Aufgabe des
Moderators, ab und an auch wegweisend mit in das Gruppen-
Gespräch einzugreifen. Und besonders wichtig ist auch eine ehrli-
che Umgebung. Man muß meiner Meinung nach weitgehend Ver-
trauen in den Gesprächspartner haben können. In vielen „säkularen Internet-Spelunken" wird geflucht, beleidigt, gelogen und unter falschen Tatsachen aufgetreten. Jemand hat einmal beobachtet, wie es sich auswirkt, etwa unter einem fälschlich angelegten
weiblichen Namen zu plaudern. Stand er anfangs noch allein im
Raum, fanden sich nach dem Geschlechtswechsel sofort Dut-
zende von Interessenten. Wer sollte das auch am Computer überprüfen können, dies ist in einem noch stark von Männern domi-
nierten Medium übrigens keine Seltenheit. Wer sich in diese un-
gewohnte Umgebung also erst einmal vorsichtig eingewöhnen
mag, dem sei hier als Einstieg der christliche Chat-Room geraten.

Virtual Jerusalem
http://www.jer1.co.il/

Der zweite interessante Chatroom, den ich Ihnen vorstellen möchte, befindet sich im virtuellen Jerusalem. Dieser Internetcomputer in Israel wird monatlich rund 130.000mal abgefragt. Damit gehört Virtual Jerusalem zu den meistgenutzten Angebo-

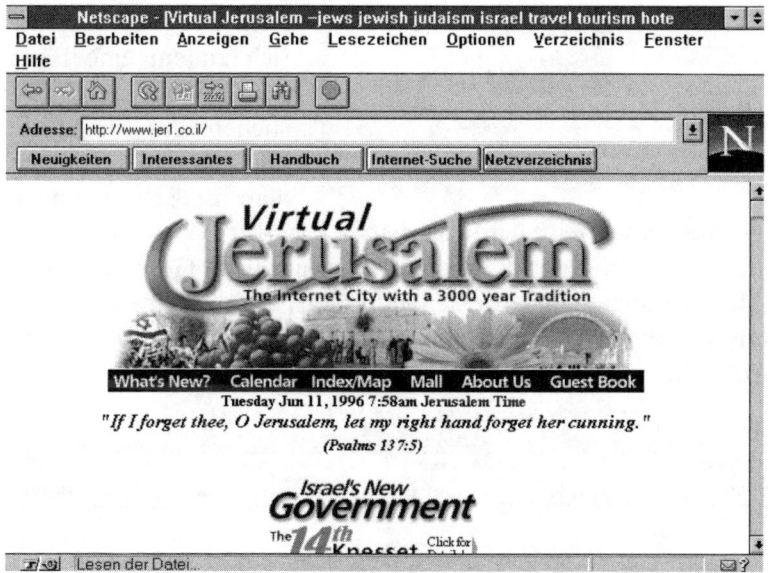

ten des Internet überhaupt. Hier finden Sie jede Menge Informationen zu Israel, massenweise Software zum download (in hebräisch und englisch) und auch einen hervorragenden Chatroom. Hier können Sie gemütlich mit anderen über Israel plaudern. Wollten Sie nicht immer schon einmal mit Menschen aus Jerusalem sprechen, hatten vielleicht bisher jedoch noch keine Urlaubsgelegenheit dazu? Oder Sie möchten alte Urlaubsbegegnungen mit dem Land vertiefen, hier haben Sie dazu eine günstige Gelegenheit.

Anhand dieses Chatrooms im Virtuellen Jerusalem möchte ich Ihnen gern noch einmal die Funktionsweise illustrieren. Sie betreten einen virtuellen Gesprächsraum. Dazu melden Sie sich

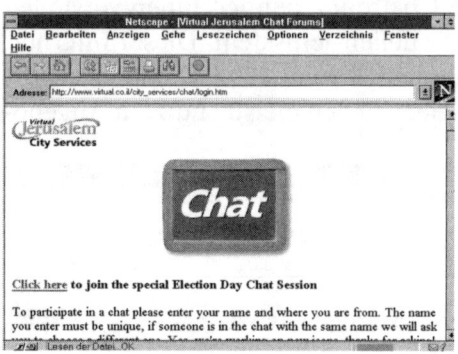

beim Zutritt mit Ihrem Namen oder einem gewünschten „Rufnamen/ Spitznamen" an. In einigen Chaträumen, wie auch hier, können Sie sich zudem eine Figur oder ein Bildsymbol aussuchen, das Ihre Texte und Kommentare auf dem Bildschirm einlei-

tet. Auf diese Weise wird das chatten (plaudern) viel gemütlicher und ungezwungener. Es kann zu einer positiven Gesprächsatmosphäre beitragen. Im virtuellen Jerusalem haben Sie eine ganze Anzahl von Bildern (teils mit Animationen/Bewegungsabläufen) zur Auswahl.

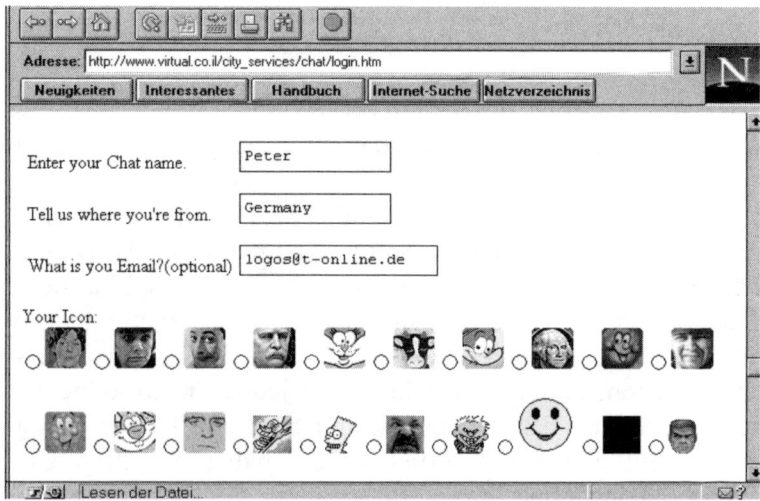

Im Gesprächsraum selbst werden alle Mitteilungen der Gruppe untereinander aufgeführt. Wenn Sie selbst etwas zu jemandem oder zur ganzen Gruppe „sagen" wollen, dann können Sie hierzu das bereits im Programm vorgesehene Menü benutzen. Diese Menüs werden vom Computer des Anbieters vorgegeben. Sie geben Ihren Text über die Tastatur in die vorgegebene Fläche ein und betätigen „senden". Den Bildschirm aktualisieren Sie von Zeit zu Zeit mit dem Befehl „update". So erhalten Sie auf dem Monitor immer die aktuellen Antworten und können dem Gesprächsverlauf gut folgen.

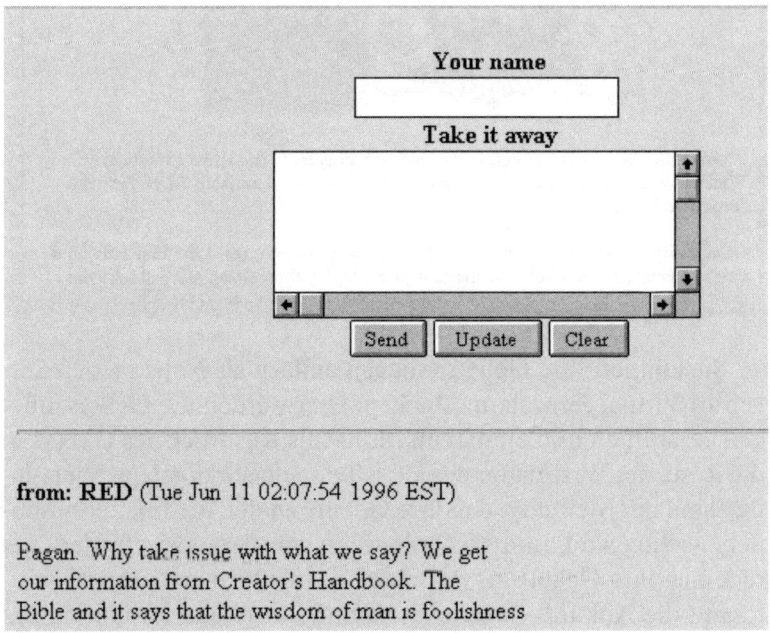

*Bild: Befehlsfläche für Mitteilungen
am Beispiel des Christian Chatroom*

Prayer Room
http://www.jer1.co.il/city_services/prayer/

Einen Chatroom für die persönliche Plauderei mit Gott kann ich Ihnen leider auch nicht anbieten. Hingegen fand sich jedoch ein interessantes Angebot, das ebenfalls auf dem Computer des Virtuellen Jerusalem offeriert wird.

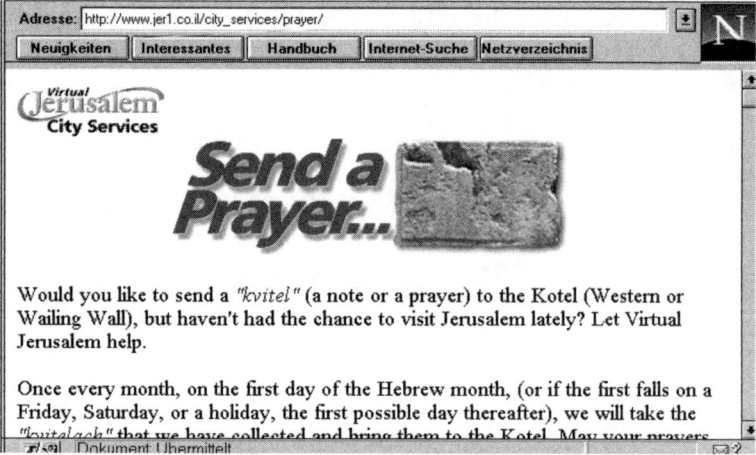

Would you like to send a *"kvitel"* (a note or a prayer) to the Kotel (Western or Wailing Wall), but haven't had the chance to visit Jerusalem lately? Let Virtual Jerusalem help.

Once every month, on the first day of the Hebrew month, (or if the first falls on a Friday, Saturday, or a holiday, the first possible day thereafter), we will take the

Sie können Ihre Gebetsanliegen einfach als Notiz an den Server im Virtual Jerusalem schicken. Hier werden die Gebetsanliegen gesammelt und einmal im Monat als Ausdruck des Gebets in die Reste der Westmauer des alten Tempelbezirks gelegt. Viele Juden sind der Meinung, daß ihre Gebete an der Westmauer besonders wichtig sind, und sie fühlen sich von Gott aufgefordert, gerade hier ihre Gebete zu verrichten. Schließlich erwarten sie ja allesamt die Ankunft ihres Messias und die Wiedererrichtung des Tempels in Jerusalem. Grundsätzlich erscheint also dieser Service als ein wichtiger Dienst, um traditionellen Juden, die zu Millionen in der Zerstreuung leben, eine Möglichkeit zu schaffen, so gewissermaßen aus der Ferne „an der Tempelmauer zu beten."

Newsgroups für Christen

Der Name "Usenet" steht für Users Network (Anwender Netzwerk) und ist ein weltweites Informations- und Diskussionssystem. Das „Usenet" läßt sich am besten mit einer interaktiven Bildschirmzeitung vergleichen, bei der jeder der Teilnehmer Leser und Autor sein kann.

Derzeit gibt es mehr als 4000 solcher Anwendergruppen im Internet. Es sind öffentliche Mitteilungs- und Diskussionsforen, die jeweils einem bestimmten Thema gewidmet sind. Dazu gehören Bereiche wie Politik, Wissenschaft, Hobbys und vieles andere mehr. Einige dieser Themengruppen sind sicherlich auch für christliche Anwender interessant und nützlich. Dazu gehören Foren wie Religion, Theologie und der christliche Glaube selbst. Da es sich um internationale Newsgroups handelt, ist in vielen Foren die englische Sprache der gemeinsame Standard. Daneben finden sich aber auch einige deutschsprachige christliche Angebote. Als Beispiel sei hier das Forum: **„de.sci.theologie"** genannt. Hier treffen sich nicht nur Theologen, sondern auch interessierte Mitchristen zum gemeinsamen Austausch. Hier finden Sie sicher kompetente Gesprächspartner zu kritischen Fragen, wie auch eine gute Möglichkeit, Termine und Informationen weiterzugeben.

Das „Usenet" ist kein geschlossenes Netzwerk im eigentlichen Sinne, sondern ein Oberbegriff für alle Rechner, an die die Newsgroup-Mitteilungen verteilt werden. Der private Anwender kann nun seinerseits sich bei einem der angeschlossenen Rechner „einwählen" und so die Artikel lesen bzw. eigene Artikel in die Newsgroup einspeisen. Die Technik ist hier ähnlich wie beim Umgang mit der elektronischen Post (eMail).

Sie benötigen eine Software, wie z.b. Netscape. Nachdem Sie die Verbindung zum Internet über Ihre Software und den Tele-

fonanschluß aufgebaut haben, wählen Sie die Internetadresse
einer Usegroup an:

„news:de.sci.theologie"

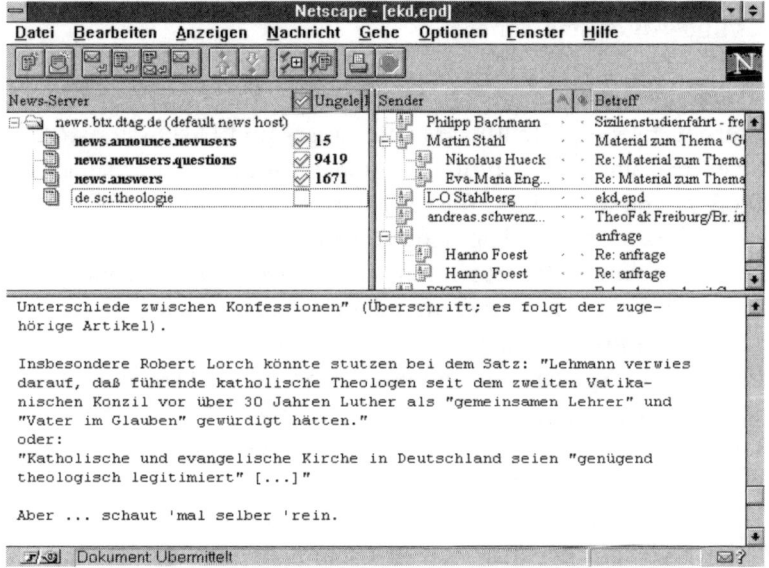

Die deutsche Usegroup für Theologie

Anschließend öffnet Netscape ein spezielles Newsgroup-
Arbeitsfenster. Sie sehen im Bild oben den besonderen Aufbau
des Bildschirms. In der linken Fensterhälfte werden Ihnen die
Newsgroups auf diesem Server angezeigt. In der rechten Bild-
schirmhälfte sehen Sie die einzelnen Artikel, Fragen und eventuell dazu vorhandenen Antworten. Wichtig ist die spezielle hierarchische Struktur, die im rechten Bildschirmfenster deutlich wird.
Denn es sollte erkennbar sein, welche Antworten zu welcher
Frage gehören. Das wird in unserer Zeichnung durch grafische

Linienverbindungen angezeigt. „Netscape" listet dazu den Absender der Nachricht und eine Betreffzeile, die der Absender mitangegeben hat.

Sie können per Mausklick auswählen, welche Mitteilung Sie lesen wollen. Im unteren Bildschirmfenster wird Ihnen daraufhin die jeweilige Nachricht zum Lesen angezeigt.

Wenn Sie selbst eine Mitteilung machen, oder eine Antwort auf ein bestimmtes Schreiben formulieren möchten, dann bietet Ihnen das Programm hierfür per Mausklick das entsprechende Eingabefenster. Dadurch ist es mit „Netscape" recht leicht, sofort an der Kommunikation in dieser Newsgroup teilzunehmen.

Leider sind auch hier die Telefonkosten während der Verbindung zum Usenet nicht unbeachtlich. Daher ist es ratsam, wenn Sie viel über dieses Medium kommunizieren möchten, einen Offline-News-Reader zu benutzen. Es handelt sich dabei um eine Software, die es Ihnen ermöglicht, nach Beendigung der Telefonverbindung die Nachrichten „offline" zu lesen bzw. eigene Mitteilungen zu schreiben. „Free Agent" ist eins der bekanntesten Programme, die dies ermöglichen. „Free Agent" wird in vielen Internet-Softwarearchiven kostenlos zum Herunterladen (download) bereitgestellt. Das Programm selbst ist gratis, es gibt jedoch auch eine kommerzielle Version, die über zusätzliche Fertigkeiten verfügt. Noch ein kleiner Hinweis zum Usenet, sie sollten auf Umlaute wie ä, ö, ü, und ß in Ihren Mitteilungen verzichten, weil diese von einigen Computern besonders der ausländischen Diskussionsteilnehmer nicht unterstützt werden.

Publizieren im Internet

zum Beispiel mit Amerika Online

Um im Internet publizieren zu können, muß man entweder selbst einen Netzwerkrechner im Internet einrichten, was inklusive einer speziellen Standleitung der Telekom ein Budget von mehreren zehntausend Mark voraussetzt. Der preiswertere Weg ist jedoch, sich bei einem Internet-Anbieter lediglich Platz auf dessem Rechner anzumieten. Die Preise liegen hier bei 100 DM bis 500 DM monatlich.

Die preiswertesten Möglichkeiten bieten zur Zeit bestimmte Einrichtungen etwa der Hochschulen, die ihren Studenten zum Beispiel kostenlosen Platz einräumen. Aber auch Firmen wie CompuServe und AOL bieten inzwischen preiswert Platz zum selbstständigen Publizieren im Internet. Dabei führt zur Zeit Amerika Online / Bertelsmann (AOL) mit dem günstigsten Internetangebot. 9,80 DM im Monat für 10 MB Serverplatz (ausreichend für mehr als hundert Seiten). Wer selbständig seine Seiten im Netz gestaltet, spart viel Geld. Dienstleistungsfirmen nehmen oft für die Gestaltung einer einzigen Textseite im Internet 100 DM Arbeitslohn. Dabei ist die Erstellung von Internet-Seiten denkbar einfach. Ähnlich wie ein ASCII-Text können Sie mit nahezu jeder modernen Textverarbeitung erstellt werden.

Im folgenden möchte ich den Weg einer solchen Seite vom Schreibtisch daheim über den Internet-Rechner von AOL in das weltweite Computernetz aufzeigen.

Man benötigt zu Beginn die AOL-Software. Es handelt sich hierbei um ein Windows-Programm, das Ihnen auf Anfrage kostenlos von AOL zugesandt wird. Die AOL-Diskette ist aber auch

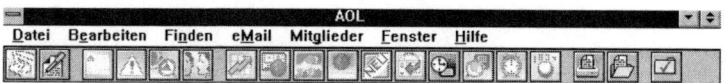

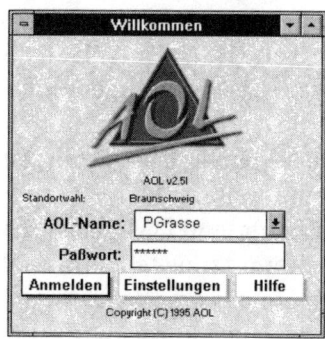

kostenlos in vielen Computerzeitungen zu finden. Mit der Diskette haben Sie zugleich Anrecht auf zehn Stunden gratis Zugang zu den AOL-Leistungen. Die Software ist leicht zu installieren

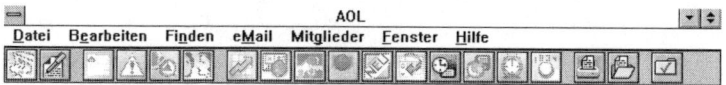

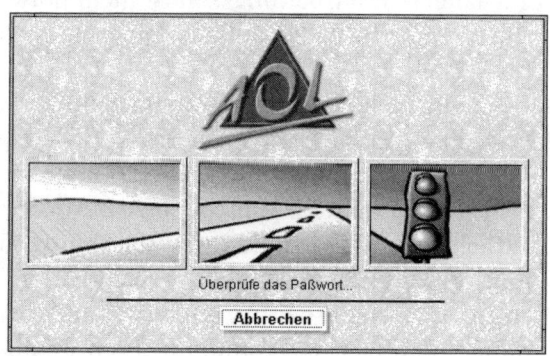

und auch die Konfiguration des Modems wird zu unserer Freude vom Programm automatisch vorgenommen. Da das gesamte Programm auf einer Diskette Platz findet, ist die komplette Installation auch schnell abgeschlossen. Beim ersten Zugang können Sie sich als Gast anmelden. Sie werden nach Ihrem Namen und Ihrer Anschrift gefragt. Nach Ablauf der zehn Gratisstunden bekommen Sie ein Formular zugesandt, mit der Anfrage, ob Sie nach dem kostenlosen Test daran Interesse haben, auch weiterhin die AOL-Onlinedienste zu nutzen. Ist Ihr Interesse verflossen, dann ist keine weitere Abmeldung erforderlich. Möchten Sie jedoch künftig für 9,80 DM pro Monat die AOL-Dienste nutzen (für die Internetnutzung fallen zusätzlich rund 6 DM pro Stunde an), müssen Sie das erhaltene Anmeldeformular ausgefüllt zurückschicken. Die künftigen Rechnungen werden im Lastschriftverfahren mit Ihrer Bank abgerechnet.

Sie können nach erstmaligem Aufruf von AOL sich bereits ein Paßwort ausdenken und haben somit bereits nach nur rund einer Stunde fast vollständigen Zugriff auf die Online-Möglichkeiten von Amerika Online / Bertelsmann (AOL).

Die Bedienung der Windows angeglichenen Software erfolgt über Menüs und Symbol-Befehlsschaltflächen durch Maus oder Tastatur. Eine längere Einarbeitungszeit ist nicht notwendig, Sie haben in kürzester Zeit Zugriff auf die Dienste.

Bei AOL finden Sie eine Vielzahl von Angeboten. Sie finden hier viele Magazine „online", wie etwa Focus, TV-Today, GEO, PC-Welt, PC-Online, d. h. viele Zeitschriften können komplett am Bildschirm gelesen werden. Manche sogar bevor Sie im Buchhandel erhältlich sind. Dazu finden wir Reisebüros für die Urlaubsbuchung, die stündlich aktuellen Nachrichten aus dem „Ticker" der dpa, den Wetterbericht und vieles andere mehr. Sie können „online" mit Menschen kommunizieren, ähnlich wie früher die CB-Funker, allerdings zumeist noch mittels der Tastatur. Videokonferenzen und weltweites Telefonieren zum Ortstarif sind schon in Vorbereitung. Vielerorts geschieht dieses „chatten", Kommunizieren am PC, auch in eigens dafür ausgestatteten Café-Stuben. Eine Hilfe für PC-Anwender sind die vielen Gigabytes an Software, die Ihnen in AOL und im Internet auf verschiedenen Datenbanken angeboten werden.

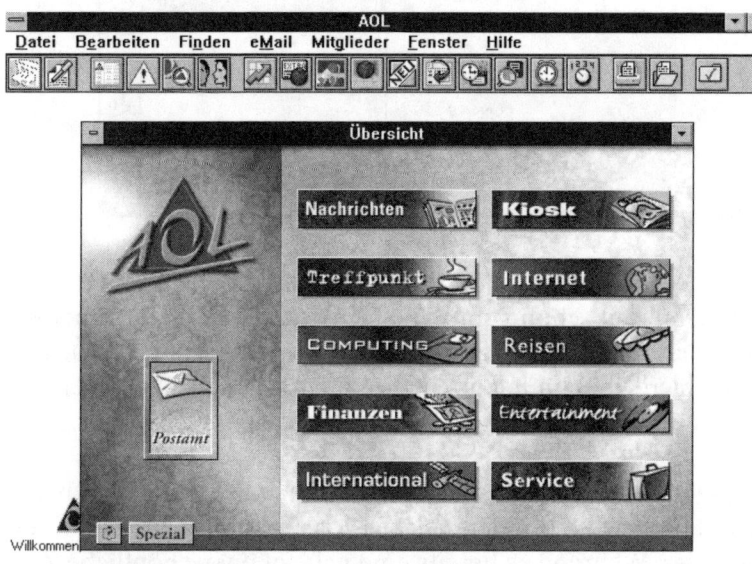

Über einen Startbildschirm gelangen Sie zu den
verschiedenen AOL-„Abteilungen".

Mit Ihrem AOL-Anschluß haben Sie nun auch einen eigenen elektronischen Briefkasten. Sofern Sie eine neue Nachricht erhalten haben, begrüßt Sie beim Einschalten von AOL eine sympathische Frauenstimme: „Sie haben Post". Das Versenden von eMail ist so leicht wie das Empfangen derselbigen. Über einen Mausklick gelangt man in eine kleine Textverarbeitung, gibt

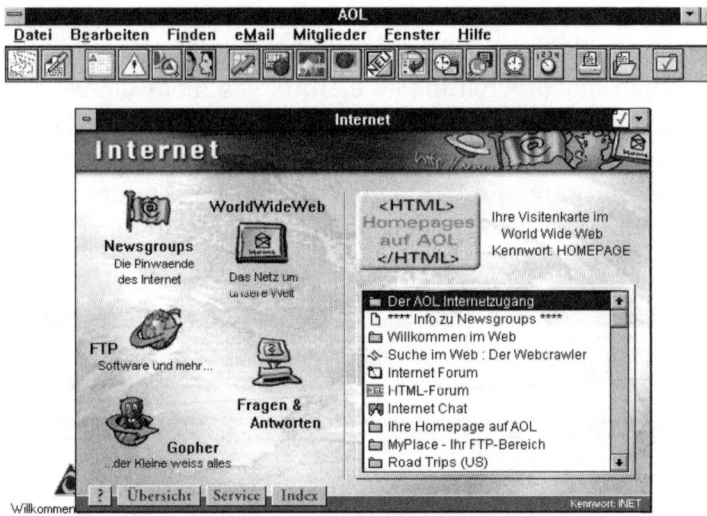

seine Nachricht ein, dann die eMail-Adresse des anderen Teilnehmers, und schon geht die Nachricht auf die Fahrt über die Datenautobahn, rund um die Welt zu Ihrem Gesprächspartner. Der andere Teilnehmer erhält die Nachricht, sobald er das nächste Mal in seinem elektronischen Briefkasten nachsieht.

Neben all den bereits genannten neuen Möglichkeiten bietet AOL aber auch besondere Diskussionsforen für Christen untereinander. Während es bereits eine nahezu unerschöpfliche Zahl deutschsprachiger AOL-Angebote gibt, sind die christlichen AOL-internen Dienste jedoch zur Zeit noch in englisch. Dennoch finden sich bereits hier hervorragende Informations- und Gesprächsmöglichkeiten. So etwa „Focus on the Family", hier können sich insbesondere christliche Familien Stärkung und Trost in ihren vielfältigen Herausforderungen holen.

Nun aber endlich zum Internet. Im World Wide Web finden sich mit rund 50 Millionen Nutzern weltweit zugleich auch die

meisten deutschsprachigen Angebote für Christen. Denn im Internet ist man nicht auf einen Computertyp oder eine bestimmte
Software, ja nicht einmal auf einen bestimmten Online-Anbieter
angewiesen, sondern hier kann jeder frei und demokratisch mit-
mischen und dieses moderne neue Kommunikationsmedium
mit seinen noch unerschöpflichen Möglichkeiten nutzen. AOL
ist laut verschiedener Fernsehberichte aus den dritten Programmen der öffentlich rechtlichen Sender das wohl zur Zeit schnellste Internet-Programm. AOL bietet als derzeit einziger Anbieter
im monatlichen Grundpreis von rund 10 DM volle 10 Megabyte
Festplattenspeicher auf seinem Internet-Server, dazu jede Menge Hilfsmittel, um seine eigenen Internet-Seiten zu gestalten und
selbst zu verwalten. Der Platz reicht übrigens aus, um mehr als
hundert Seiten mit Text und Bild im Internet zu publizieren. Die
entsprechende Abteilung finden Sie in AOL über einen Mausklick auf das Internet-Symbol des Startbildschirms. Nun müssen
Sie sich weiter entscheiden, ob Sie eins der vielen Internet-Hilfs-
programme herunterladen möchten oder eventuell Tips und
Hilfe zur Erstellung Ihrer Seite suchen. Auf Wunsch können Sie
ganze Handbücher zur Gestaltung eigener Internet-Seiten am
Bildschirm wälzen.

Sie finden unter dem Stichpunkt „**MyPlace**" schließlich Ihren
persönlichen 10 MB-Speicherplatz, der Ihnen auf dem AOL-Server zur eigenen Verwaltung reserviert wird. Es ist hinzuzufügen,
daß diese insgesamt 10 MB Speicherplatz in fünf separate Verzeichnisse unterteilt sind. Der Grund dafür ist folgender: AOL
hat sich das Ziel gesetzt, familienfreundlich zu arbeiten. Man
möchte weg von dem Monopol der männlichen Nutzer (90 Prozent der Internet-Nutzer sind männlichen Geschlechts) und die
Datennetze für die Familien öffnen. Deshalb hat jeder AOL-
Kunde fünf Paßworte, dadurch können bis zu fünf Familienmit-
glieder (bzw. Firmenangestellte) AOL unabhängig von einander
nutzen. Übrigens können Sie in AOL auch Mechanismen zum

Schutz für Ihre Kinder nutzen, z. B. bestimmte Foren sperren, um Ihre Lieben vor allzuviel „Schädlichem" aus den Datennetzen zu bewahren. Jeder dieser bis zu fünf logischen Personen hat also einen eigenen Internet-Plattenspeicher für eigene Veröffentlichungen im WWW. Pro AOL-Nutzer erhalten Sie also für zusammen nur 9,80 DM monatlicher Grundgebühr insgesamt 10 MB Speicherplatz auf dem AOL-Server.

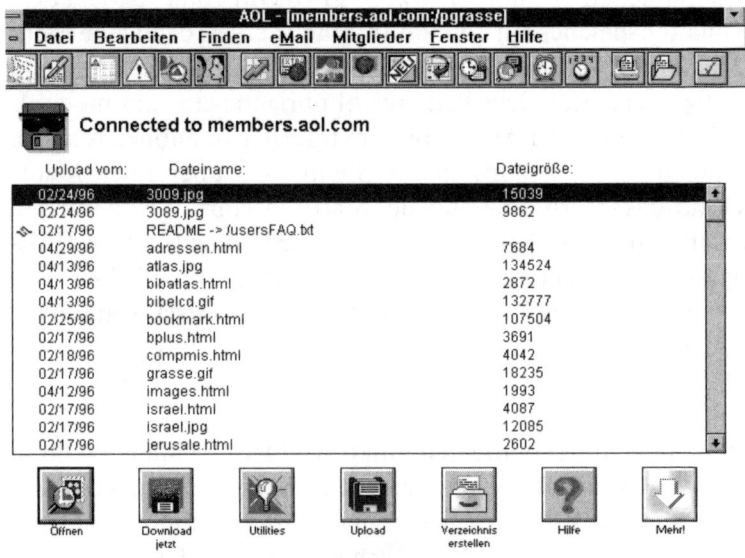

„MyPlace" zeigt Ihnen eine Liste mit den Dateien, die Sie auf Ihrem Serverplatz abgelegt haben. Das Schöne bei AOL ist, daß Sie Ihren Serverplatz nicht über umständliche Kommandos eines kryptischen FTP-Programms verwalten, sondern eben einfach über Mausklicks auf die Bildsymbole, sozusagen kinderleicht.

Werkzeuge zur Erstellung eigener Webseiten

Als erstes hatte ich mir seinerzeit übrigens einen Zusatz für meine WINWORD-Textverarbeitung aus dem Netz heruntergeladen. Mit diesem von Microsoft kostenlos erhältlichen Zusatzprogramm kann ich nun wie gewohnt meine Texte schreiben und statt im Word oder ASCII-Format speichere ich sie nun im Internetformat ab.

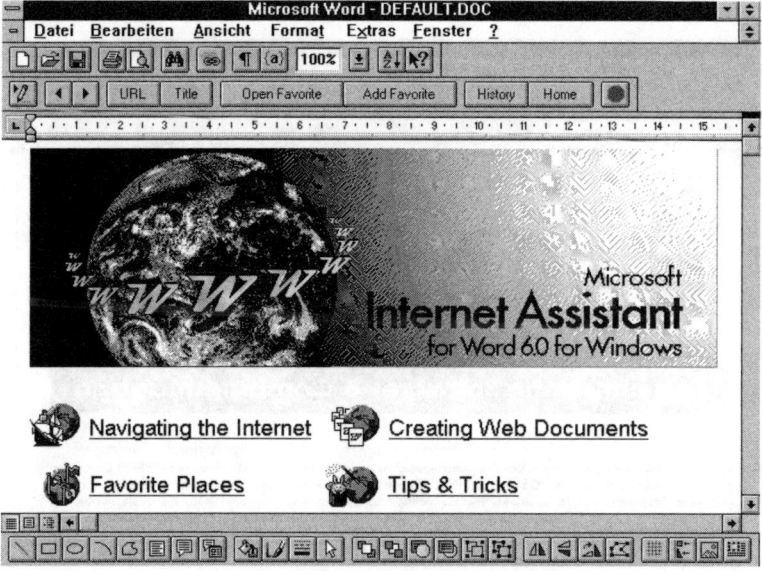

Der Microsoft Internet Assistant für Word

Inzwischen unterstützen aber nicht nur WINWORD oder EXCEL, sondern auch WORDPERFECT, LOTUS, STARWRITER, PAGEMAKER und viele andere Programme mehr das HTML-Dateiformat.

Was ist eine Internet-Homepage?

Meine erste Textseite, die sogenannte Homepage, enthält eine Begrüßung mit den wichtigen Angaben zu meinen Informationsangeboten im Internet. Sie können es etwa mit dem Umschlag eines Buchs vergleichen oder dem Schaufenster einer Organisation oder Kirchengemeinde. Die Begrüßungsseite sollte darum auch wichtige Angaben zum Verfasser, wie etwa Anschrift oder Rufnummer usw. enthalten.

Eine Begrüßungsseite im Internet (Homepage)

Von der Hauptseite, die neben dem Text auch Bilder enthalten kann, gelangt man mit einem Mausklick auf weitere Seiten. Die Verbindung zwischen den einzelnen Seiten wird mit sogenannten Sprungverweisen, „Hyperlinks", ermöglicht. Mit dem

Word-Internetassistenten können Sie die Einbindung von Grafi-ken oder „Hyperlinks" wiederum mittels Mausklick vornehmen. Der Anfänger muß sich also noch nicht mit der hinter dem HTML-Dokument verborgenen Struktur auseinandersetzen, sondern kann vom ersten Moment an produktiv arbeiten. Wenn mein Dokument fertig ist, brauche ich es nur noch auf den AOL-Server zu überspielen. Hierzu klicke ich auf den „Button" für die

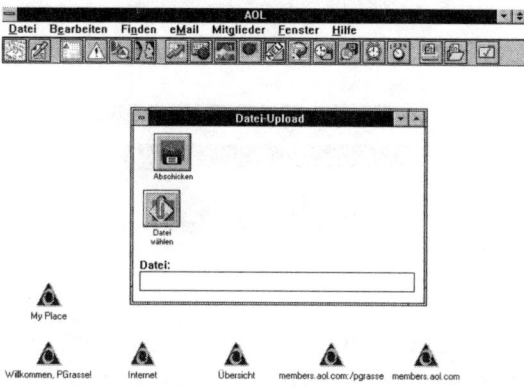

Übertragung („*upload*") in der Buttonleiste von „MyPlace", wie sie in der Abbildung oben dargestellt wurde.

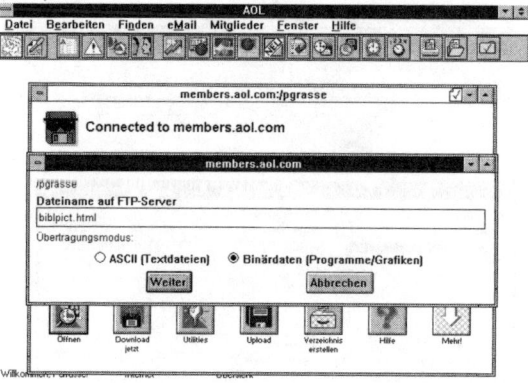

In den abgebildeten Bildschirmfenstern sehen Sie die nächsten
Schritte von der Frage nach dem Namen der Datei, die auf den
AOL-Rechner geladen werden soll, über die Zuhilfenahme eines
Dateimanagermenüs zur Auswahl der Datei mittels Maus, bis hin
zur Bestätigungsmeldung nach Abschluß des „Upload"-Vorgangs.

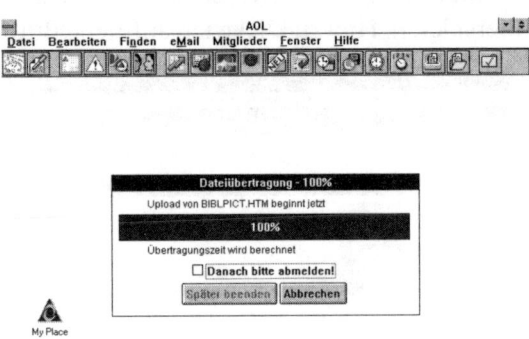

Dadurch, daß AOL bundesweit mit bis zu 28.800 Baud erreichbar ist, nimmt die Übertragungszeit der zudem ausgesprochen kleinen HTML-Dateien kaum Zeit in Anspruch. Nach dem
Überspielen können Sie AOL beenden. Ihre Datei kann nun in
aller Welt gelesen werden.

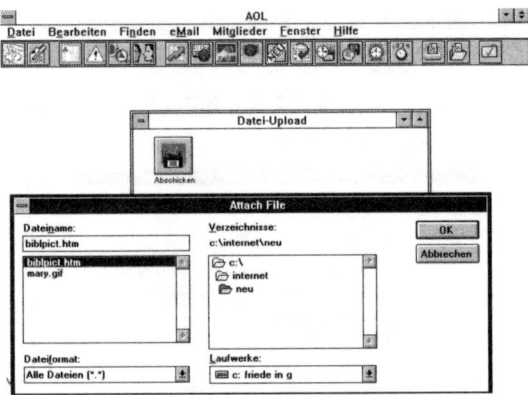

LOGOS Online

„Online" ist das wohl zur Zeit meist genutzte Wort in den Medien. Es bedeutet, daß ein bestimmtes Angebot weltweit mittels Computer und einer Telefonverbindung genutzt werden kann. Wir sprechen auch vom Internet, weil es sich hier um ein globales Netzwerk handelt, das weltweit Computernetze mit unterschiedlichen Betriebssystemen verbindet.

Inzwischen ist auch „Logos, das christliche Software- & Computermagazin", im Internet erreichbar. Logos ist ein vierteljährlich erscheinendes Computermagazin für christliche Anwender. Logos gibt Hilfestellung im Computereinsatz in Kirchen und für Privat. Wenn Sie wissen wollen, welche Bibelprogramme es gibt oder wo Sie Grafiksammlungen mit christlichen Motiven bekommen, dann sind Sie hier genau richtig. Es handelt sich um eine kostenlose Dienstleistung für Logos-Leser. Durch die Internet-

Präsenz ist Logos leichter erreichbar, und jeder kann seine Nachrichten, Bilder oder Software auch über das Internet der Logos-Redaktion zusenden. Schließlich ist ein schneller Informationsfluß für jedes „Nachrichtenmagazin" von Bedeutung. Der Leser findet hier die neuesten Informationen, sowie Adressen von über 1000 Internetangeboten für Christen als Online-Sprungverweise und als Datei zum „download". Bereits jetzt finden Sie bei LOGOS-online fast 100 Internet-Seiten über christliche Software, Tips, Hintergründe, Veranstaltungen und sonstige Hilfen für christliche Computeranwender.

Sie erreichen LOGOS-online über folgende Internetadresse:

http://members.aol.com/pgrasse/welcome.html

Ihre eMail-Mitteilungen können Sie an folgende Postbox senden:

logos@t-online.de

Natürlich können Sie die Zeitschrift Logos auch in der gedruckten Ausgabe bekommen. Das Jahresabonnement kostet 20 DM für vier Ausgaben pro Jahr. Das Magazin erscheint mit einer Auflage von 5000 Stück pro Ausgabe, auf 32 Seiten (DIN-A4-Format) teils vierfarbig im Offsetdruckverfahren.

Info:
Peter Graße (Herausgeber)
Bornstraße 12
D-31311 Uetze
Fax (0 51 73) 9 21 45

Die Evangelische Kirche in Deutschland
http://www.ekd.de/

Umfangreiche Informationssammlungen zur Evangelischen Kirche Deutschland (EKD) bietet ein eigener Server mit Aufsätzen, Kontaktadressen und vielem mehr. Der Internetserver der

EKD wird hauptamtlich von Dr. Matthias Schnell betreut, der für diese Aufgabe ein nicht unbeachtliches Budget von rund 200.000 DM (1996) von der EKD zur Verfügung gestellt bekommt. Der hohe Aufwand macht sich aber auch in einer hervorragenden Qualität der Internetpräsentation bemerkbar. Die Angebote der EKD sind informativ und gut gegliedert. Interessant ist unter anderem ein Online-Gästebuch, indem sich der Besucher mit Grußworten, Kritik, Anregungen und eigener Internet-Anschrift eintragen kann − das Besondere hierbei ist, daß der Gast sofort nachprüfen kann, ob sein Eintrag auch in das Gästebuch aufgenommen wurde.

Der Vatikan im Internet
http://www.vatican.va/

Als der Heilige Stuhl in rom seinen Internetserver zu Weihnachten 1995 eingerichtet hatte, war der Andrang kaum zu stoppen. Mehr als 2000 Menschen wollten innerhalb von nur 48 Stunden bereits den Papst im Internet treffen.

Das Angebot des Vatikans im Internet umfaßt neben den Enzykliken (Rundschreiben) des Papstes vor allem die Nachrichteninformationen von Radio Vatikan in vielen verschiedenen Sprachen der Erde. Wer möchte, kann aber auch Fotos des Papstes betrachten. Informationen zu seinen aktuellen Reisen erhalten, oder auch einen Besuch im vatikanischen Museum im Internet miterleben. Da der Vatikan zudem über eine gewaltige Bibliothek verfügt, wird das Internetangebot des Heiligen Stuhls sicherlich noch ausgebaut werden. Schon jetzt gehören die Seiten des Vatikans zu den meistgefragten Webseiten überhaupt.

Die Luther Bibel im Internet
http://nobi.ethz.ch/bibel/buecher.html

Die Bibel in der Übersetzung Martin Luthers online im weltweiten Internet lesen, diese Möglichkeit bietet über ein Computerangebot aus der Schweiz. Hier wurden die biblischen Texte mit einem schnellen Suchsystem ausgestattet, so daß man nicht

nur einfach in der Bibel lesen, sondern auch gezielte Recherchen etwa zum Thema „Liebe" oder „Auferstehung" durchführen kann. Da es sich bei der Bibel um ein lizenzrechtlich geschütztes Werk handelt, finden sich nur wenige Internetcomputer, auf denen der deutsche Bibeltext angeboten wird. Während Bibeln in anderen Sprachen wie etwa der englische King-James-Text auf einer Vielzahl von Rechnern im Internet genutzt werden können. Vielleicht ist man dort mit der Vergabe der Lizenzen etwas großzügiger.

Elberfelder Bibel

http://www.gospelcom.net/bible?language=Deutsch

Bereits zwei deutsche Bibelausgaben können Sie im Internet gegenwärtig studieren: die Luther- und die Elberfelder-Bibel. Andere Ausgaben wie etwa die Einheitsübersetzung fehlen noch. Den Elberfelder-Text hingegen finden Sie gleich mehrmals im

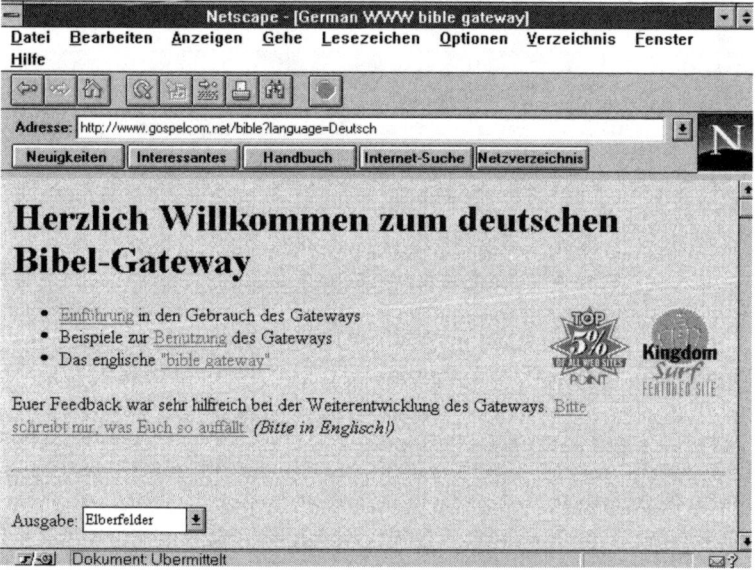

Die Elberfelder Bibel im Internet

Internet. Besonders attraktiv ist die Ausgabe der Elberfelder Bibel im Angebot des gospel.com-Netzes. Hier finden Sie ein Tor zu Bibelausgaben in verschiedenen Sprachen. Das sogenannte „Bible Gateway" gehört mit zu den meistgenutzten Internetseiten! In der Elberfelder Bibel können Sie online den Bibeltext lesen, Suchabfragen durchführen oder eigene Verweise (Links) zu Bibelzitaten einbauen.

Evangelischer Presse Verband (München)
http://www.epv.de

Die Evangelische Landeskirche Bayern war die erste evangelische Kirche Deutschlands, die etwa im September 1995 mit
einem Internetserver ans Netz ging. Die Gestaltung der Webseiten obliegt dem Evangelischen Presse Verband in München.
Frau Lettenmeier, der Leiterin dieses Projekts, ist es gelungen,

Evangelischer Presse Verband

ein anspruchsvolles und interessantes Angebot zusammenzu-
stellen. Dazu gehört unter anderem ein Bericht über Veranstaltungen im Lutherjahr 1996 inklusive einer Landkarte mit den
Veranstaltungsorten, Informationen zu Luther und verschiedenen Links. Der Evangelische Presse Verband arbeitet eng mit
dem Claudius Verlag zusammen, welcher auch einige Bücher des
christlichen Karikaturisten und Pfarrers Werner (Tiki) Küstenmacher herausgebracht hat. Auch die Arbeit der ersten deutschen Pfarrerin im Internet, Frau Melanie Graffam-Minkus, ist
ein Projekt des Evangelischen Presse Verbandes.

Die Online Pfarrerin
http://www.epv.de

Das wohl imposanteste christliche Internetangebot ist sicherlich das der Internet-Seelsorgerin („Online Pfarrerin") Frau
Melanie Graffam-Minkus. Nach einem riesigen Presse-Echo ist
sie wohl heute Deutschlands bekannteste (und wahrscheinlich
einzige) im Internet arbeitende Pfarrerin.

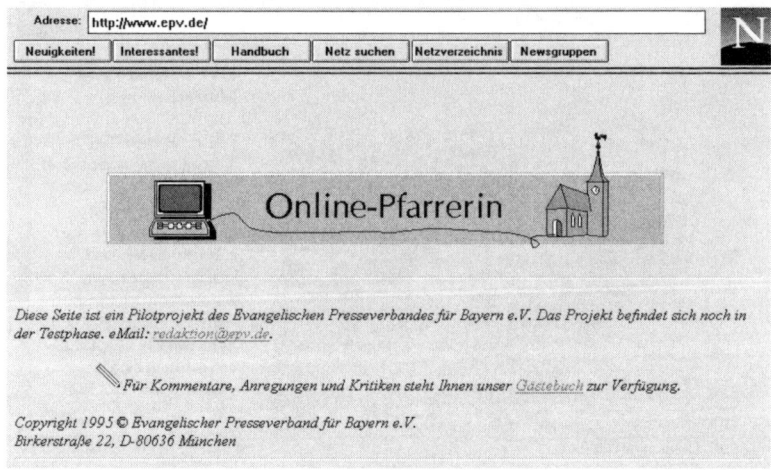

Die Online Pfarrerin

Frau Pfarrerin Graffam-Minkus ist von der Kirche mit dieser
Tätigkeit offiziell beauftragt. Täglich widmet sie rund zwei Stunden den eMail-Anfragen aus dem Internet. Pro Tag erreichen
sie durchschnittlich fünf ernsthafte Anfragen. Frau Graffam-
Minkus berichtete in verschiedenen Interviews, es begeistere sie
gerade die Möglichkeit, über das Internet Menschen zu erreichen, die der Kirche sonst eher fernstehen.

Jesus Web Page (deutsch)
http://www.coulor.de./jwp

Die deutsche Jesus Web Page von Jörg Müller, München, ist eins der besten Verzeichnisse zum deutschsprachigen christlichen Internet. Hier finden sich umfangreiche Verweise zu den Angeboten evangelischer, katholischer und freikirchlicher Einrichtungen. Wer sich informieren möchte, welche deutschen Ge-

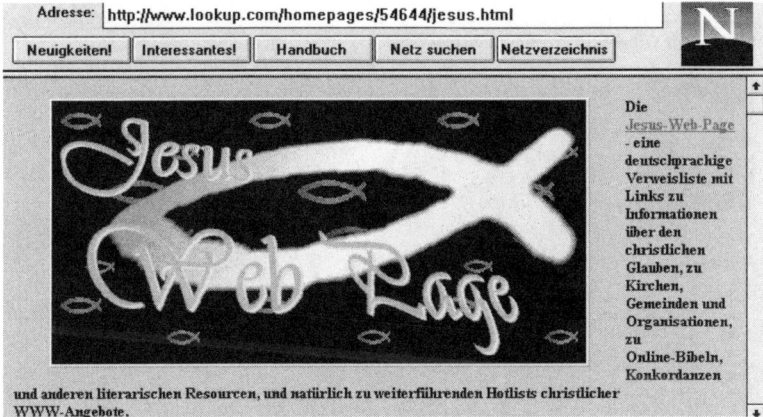

| Adresse: | http://www.lookup.com/homepages/54644/jesus.html |

Neuigkeiten! Interessantes! Handbuch Netz suchen Netzverzeichnis

Die Jesus-Web-Page - eine deutschsprachige Verweisliste mit Links zu Informationen über den christlichen Glauben, zu Kirchen, Gemeinden und Organisationen, zu Online-Bibeln, Konkordanzen und anderen literarischen Resourcen, und natürlich zu weiterführenden Hotlists christlicher WWW-Angebote.

meinden bereits im Internet präsent sind, findet in den Jesus Web Page-Seiten umfangreiche Hinweise. Zusätzlich gibt es Sammlungen zur christlichen Literatur im Internet, Bibeln, Zeitschriften, und vieles mehr. Die Jesus Web Page ist aufwendig grafisch gestaltet, und enthält üppige multimediale Elemente. Die Informationssammlung ist in einzelne Themen gegliedert. So können die Daten schnell und zielgerichtet abgerufen werden. Das Tempo der Datenübertragung ist durchschnittlich und wird durch die aufwendige grafische Gestaltung der Seiten nur geringfügig gebremst. Wer regelmäßig die Jesus Web Page nutzen möchte, kann die Grafiken auch auf seine eigene Festplatte speichern und die regelmäßige Aktualisierung der Informationen via eMail abonnieren.

Besuch in Wittenberg
http://www.wittenberg.de

Eine virtuelle Reise zu den Spuren des Reformators Martin
Luther bietet das Projekt „Wittenberg". Während eines Rundgangs durch Wittenberg, den Sie bequem daheim an Ihrem Bildschirm mit Hilfe von Tastatur oder Maus unternehmen, werden
Sie zu den historischen Plätzen geführt. Sie erleben die Zeit, in

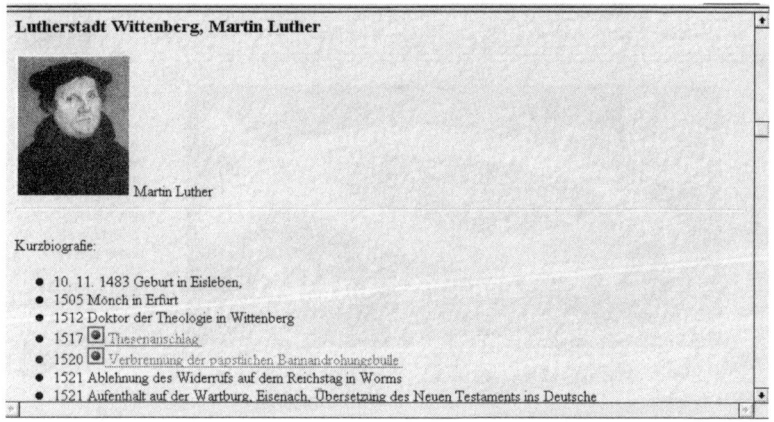

der Luther seine Frau Katharina von Bora kennenlernt, erfahren
imposante Hintergrundinformationen hierüber und nehmen teil
an der gemeinsamen Hochzeitsfeier. Dies geschieht in Form
eines Historienschauspiels, welches jährlich in Wittenberg aufgeführt wird und zu dem Sie sich einen Videoausschnitt über das
Internet ansehen können. Zahlreiche historische Momente, wie
etwa die Begegnung mit Philipp Melanchthon oder der Thesen-
anschlag an der Wittenberger Schloßkirche, werden noch einmal
lebendig. Darüber hinaus können Sie Portraits der Reformatoren
und Bilder aus Wittenberg auf Ihrem Stadtrundgang bewun-
dern. Monatlich werden die verschiedenen Internetseiten im
„virtuellen Wittenberg" insgesamt rund 60.000mal aufgerufen.

DAWN Fridayfax
http://www.itr.ch:80007szbinden/ff–d–18.96.html

DAWN Fridayfax ist ein wöchentlicher Informationsdienst mit Berichten aus der weltweiten Mission. DAWN („Disciple a whole Nation") erreicht nach eigenen Angaben wöchentlich etwa 100.000 Leser über die Mittel der modernen Telekommunikationstechnik. Dieser Informationsdienst wird jeden Freitag als

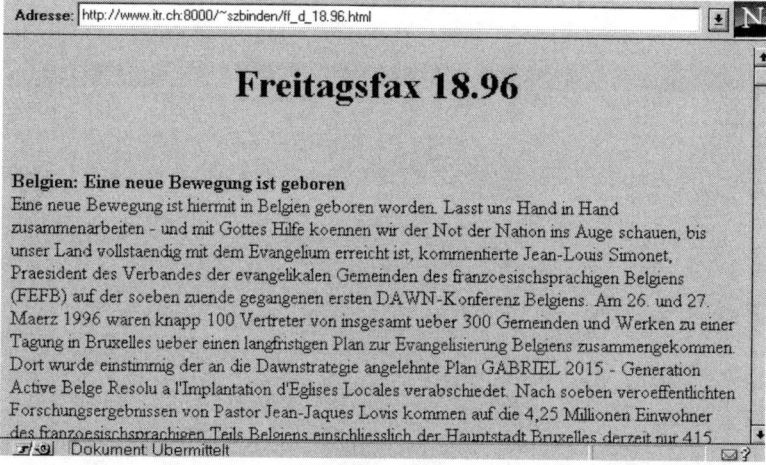

Adresse: http://www.itr.ch:8000/~szbinden/ff_d_18.96.html

Freitagsfax 18.96

Belgien: Eine neue Bewegung ist geboren
Eine neue Bewegung ist hiermit in Belgien geboren worden. Lasst uns Hand in Hand zusammenarbeiten - und mit Gottes Hilfe koennen wir der Not der Nation ins Auge schauen, bis unser Land vollstaendig mit dem Evangelium erreicht ist, kommentierte Jean-Louis Simonet, Praesident des Verbandes der evangelikalen Gemeinden des franzoesischsprachigen Belgiens (FEFB) auf der soeben zuende gegangenen ersten DAWN-Konferenz Belgiens. Am 26. und 27. Maerz 1996 waren knapp 100 Vertreter von insgesamt ueber 300 Gemeinden und Werken zu einer Tagung in Bruxelles ueber einen langfristigen Plan zur Evangelisierung Belgiens zusammengekommen. Dort wurde einstimmig der an die Dawnstrategie angelehnte Plan GABRIEL 2015 - Generation Active Belge Resolu a l'Implantation d'Eglises Locales verabschiedet. Nach soeben veroeffentlichten Forschungsergebnissen von Pastor Jean-Jaques Lovis kommen auf die 4,25 Millionen Einwohner des franzoesischsprachigen Teils Belgiens einschliesslich der Hauptstadt Bruxelles derzeit nur 415

Dokument Übermittelt

Fax an Abonnenten gesandt. Wer möchte, kann diese Rundbriefe aber auch unverbindlich und kostenlos im Internet studieren. Hier findet sich neben den aktuellen Ausgaben auch ein Archiv der letzten Monate. Hintergrundinformationen der Weltevangelisation und aktuelle Fürbitteanliegen aus aller Welt werden über das DAWN Fridayfax weltweit verbreitet. Dieser Informationsdienst hat sich das Ziel gesetzt, mit seinen Berichten das Lob Gottes ausbreiten zu helfen. Die konsequente Nutzung moderner Telekommunikationsdienste für die Unterstützung der Weltmission hat einen Modellcharakter für ähnliche weltweit operierende missionarische Organisationen.

Vineyard Bewegung
http://groke.beckman.uiuc.edu/Vineyard/

Informationen zur weltweiten Vineyard Bewegung, einem Gemeindeverband der charismatischen Erneuerungsbewegung, finden sich auf diesem Server. Dazu gehören Predigtstudienhilfen, theologische Aufsätze und vieles mehr. Wer sich hier informieren möchte, findet ein breites Angebot, sollte jedoch der englischen Sprache mächtig sein.

Die Vineyard Bewegung

Entschieden für Christus (EC)
http://www.stud.uni-hannover.de/gruppen/ec

EC – das heißt offiziell: „Deutscher Jugendverband Entschieden für Christus (EC) e.V.". Gegenwärtig gibt es in Deutschland mehr als 1000 EC-Jugendarbeiten und fast 3000 Kinder-, Jungschar- und Teenagergruppen, die in der Regel von ehrenamtlichen Mitarbeiterinnen und Mitarbeitern geleitet werden.

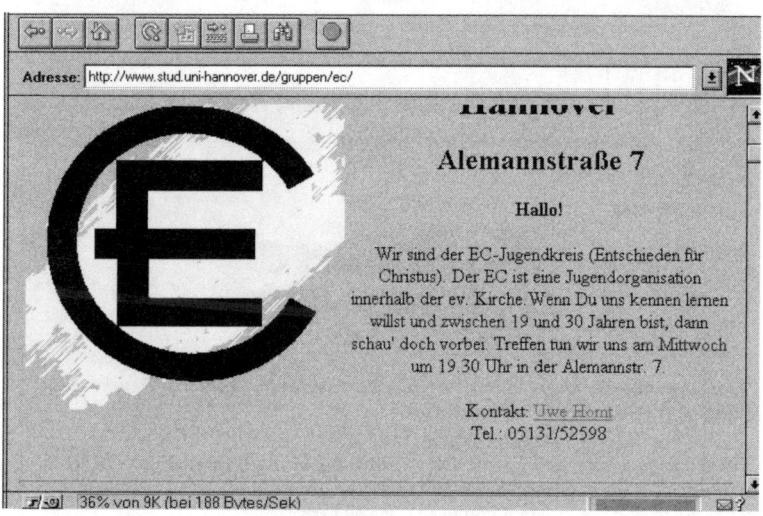

Entschieden für Christus (EC)

Einige dieser örtlichen Gruppen sind auch bereits im Internet anzutreffen. So zum Beispiel die EC-Gruppe in der Alemannstraße in Hannover, deren Homepage hier vorgestellt wird. Der EC ist ein Verband innerhalb der evangelischen Landeskirchen. Den ersten EC-Jugendverband gründete bereits 1881 Pfarrer Francis E. Clark in Portland/USA. Der EC-Weltverband „Worlds Christian Endeavour Union" zählt gegenwärtig rund zwei Millionen Mitglieder.

Jerusalem One
http://www.jer1.co.il/gate/ftp/

Ein Informationsdienst für die Freunde Israels in aller Welt.
Im virtuellen Jerusalem findet sich alles, was der Israel-Liebha-
ber im Internet erwarten könnte. Berichte über das Land, Tour-
ismusinformationen und vieles mehr. Besonders empfehlenswert jedoch ist die Möglichkeit, sich direkt von diesem Server

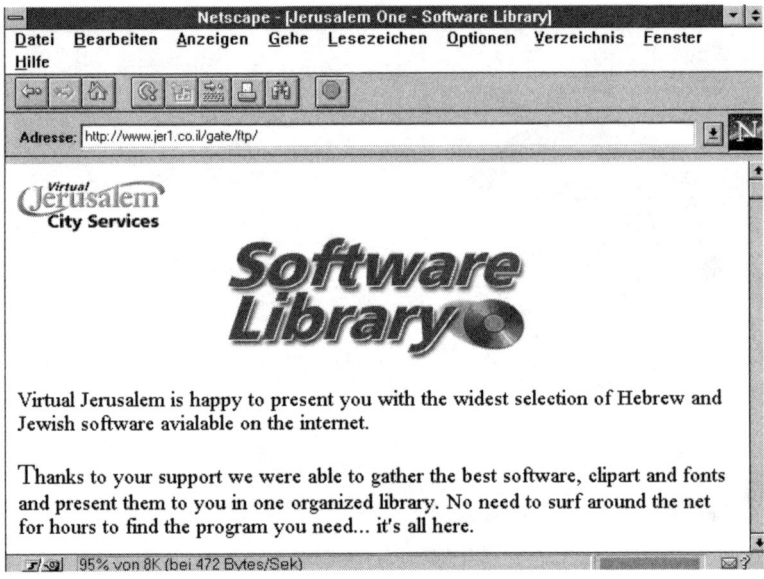

Jerusalem One

Software über Israel zu besorgen. Über die Telefonleitung können hebräisch-englische Übersetzungsprogramme, hebräische
Zeichensätze, Sprachtrainer, Multimediaprogramme und anderes mehr für fast alle Computerplattformen direkt in den eigenen
Computer geholt werden. Die Programme und Informationen
sind in Englisch oder Hebräisch. *(Monatlich mehr als 130.000 Zugriffe!)*

Jesus Online Magazin

http://www.dom.de/jesus–online/jom/jom–home.htm

Das Jesus Online Magazin ist eine gemeinsame Produktion des Bibellesebundes Marienheide, der Kölner Z-Produktion und des Bundesverlages. Das Jesus Online Magazin wendet sich gerade an die jüngere Generation, um ihnen von Christus zu berichten.

Jesus Online Magazin

Hier finden sich Aufsätze zu aktuellen Themen, Musikvorstellungen, Termine und Veranstaltungen und vieles mehr. Außerdem gibt es Hotlinks zu der „hauseigenen" CD-ROM: „Interaktive Reise durch das Leben Jesu" sowie den Zeitschriften des Bundesverlags, wie etwa „Aufatmen" und „Family".

Evangeliums Rundfunk

http://www.dom.de/jesus–online/erf_home.htm

Der Evangeliumsrundfunk nutzt offenherzig alle Möglichkeiten der modernen Kommunikation zur Ausbreitung der Frohen Botschaft. In Deutschland schon seit Jahren aktiv mit verschiedenen Rundfunksendungen und Filmbeiträgen, findet sich der

Evangeliums Rundfunk

Evangeliums Rundfunk (ERF) seit 1996 auch im Internet. Auf seiner Homepage stellt der ERF die vielschichtige Arbeit vor und berichtet über seine Sendungen im hauseigenen Satellitenrundfunksender bzw. die sonstigen Rundfunkstationen. Hintergrundinformationen, Sendezeiten, Adressen und Telefonnummern des ERF werden auf mehreren Seiten vorgestellt.

Campus für Christus – Studentenorganisation
http://www.mdalink.com/CCC/international

Die weltweit operierende christliche Studentenorganisation: „Campus Crusade for Christ", in Deutschland kurz „Campus für Christus" genannt, informiert auf sehr schön gestalteten Seiten über ihre Arbeit und bietet Kontaktadressen zu seinen Arbeits-

Campus für Christus

zweigen in den verschiedenen Ländern. Neben der Studentenarbeit hat „Campus für Christus" jedoch auch andere Arbeitszweige. Der bedeutendste ist sicherlich das Jesus Film Projekt. Dieses authentische Portrait des Lebens Jesu nach dem Lukasevangelium ist in fast alle Sprachen der Welt übersetzt und bereits vor rund 500 Millionen Menschen aufgeführt worden. Damit ist der Jesusfilm übrigens der meistbesuchte Film überhaupt. „Campus für Christus" hat zur Zeit mehr als 11.000 Mitarbeiter in 105 Ländern.

Botschaft und Generalkonsulat des Staates Israel
http://www.inx.de/%7Eisrael

Das Israelische Generalkonsulat in Berlin und die Israelische
Botschaft in Bonn informieren sowohl über die Kontaktadressen
des Staates Israels, als auch über Tourismus und Politik. Insbesondere auf dem Internetserver des Generalkonsulats in Berlin

Generalkonsulat des Staates Israel

findet man eine Vielzahl von Veröffentlichungen als Aufsatz und
teilweise auch mit Fotografien oder Grafiken. Die Israelische
Botschaft in Bonn bietet auch regelmäßige Publikationen über
Israel an, die sich über die Telefonverbindung aus dem Internet
auf den heimischen Rechner laden lassen. Die Publikationen
sind teilweise im Adobe Acrobat PDF-Format gespeichert.
Dieses spezielle Datenformat, das kostenlos aus dem Internet
geladen werden kann (http:\www.adobe.com\), erlaubt eine
hochwertige Qualität der Text- und Grafikdarstellung auf fast
allen Betriebssystemen. Dateien in diesem Format können auch
auf dem eigenen Computer hervorragend ausgedruckt werden.

Best of the Christian Web
http://central.christ.net/bestoff/

Die besten Seiten aus dem christlichen World Wide Web findet
man bei der Organisation „Best of the Christian Web". Hier werden
die schönsten und inhaltlich wertvollsten Internetangebote aus den
weltweiten Angeboten des kirchlichen Umfelds ausgezeichnet.

Best of the Christian Web

Wer sich über gute christliche Internetangebote informieren
möchte, findet hier so manche wertvolle Anregung. Die ausge-
zeichneten Preisträger werden in einer Hotliste veröffentlicht
und können direkt von hier aus angewählt werden. Allerdings
handelt es sich um einen amerikanischen Anbieter, und weil zudem derzeit noch 70 bis 80 Prozent der weltweiten Internetkom-
munikation in Englisch stattfindet, sind auch die meisten Angebote in englischer Sprache.

*(Anmerkung: Eine Sammlung der „besten Internetseiten" des deutschsprachigen kirchli-
chen World Wide Web findet sich unter folgender Adresse: http://members.aol.com/
pgrasse/welcome.html)*

Religio-Sektendatenbank
http://www.thur.de/religio/start.html

Die Sektendatenbank des Religionspädagogen Wolfgang Müller ist über den Server der Universität Jena zu erreichen, an der Müller längere Zeit als Dozent tätig war. In dieser Sektendatenbank können online über das Internet aktuelle Informationen zu Sekten wie etwa der „Scientology Church" oder den „Zeugen Jehovas" abgefragt werden.

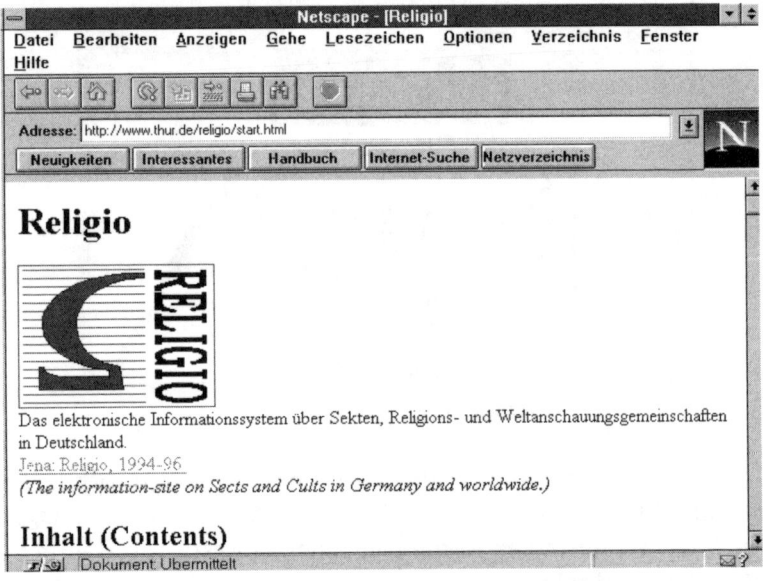

Sektendatenbank

Neben verschiedenen Aufsätzen zu altbekannten Sekten oder auch modernen Psychokulten, finden sich in der Sektendatenbank vor allem auch Hyperlinks zu den Foren verschiedener Selbsthilfe-Gesprächsgruppen betroffener Sektenaussteiger. Gerade hier finden sich manche hilfreiche Impulse für den Fragenden.

Qumran

http://www.uni-passau.de/ktf/bibel/qumran.html

Eine umfangreiche Sammlung verschiedenster Dokumente zu den Qumranrollen bietet eine Homepage von Franz Böhmisch, Mitarbeiter an der Universität Linz, Österreich. Hier finden sich wissenschaftliche Artikel und Kartenmaterial zum Thema. Die Seite verweist auf deutsche und englische Artikel.

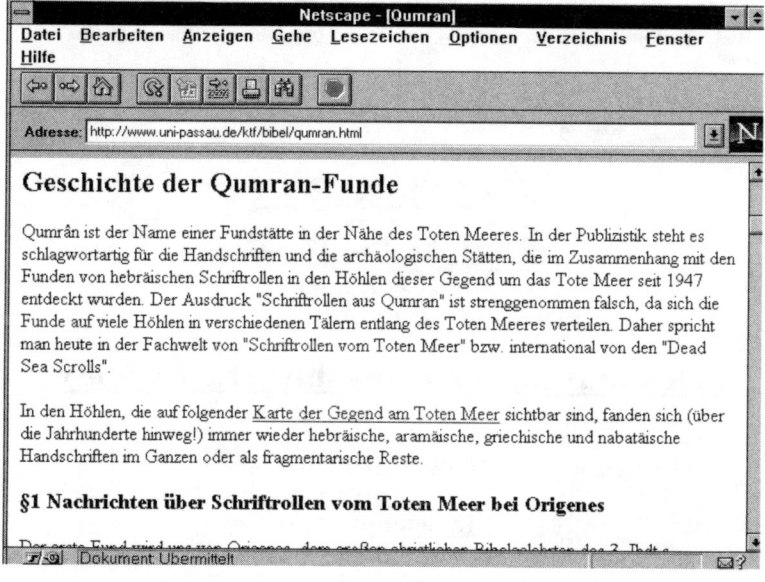

Qumran

Franz Böhmisch bietet neben der Informationssammlung zu den Qumranfunden auch einige weitere interessante kirchliche Aufsätze, die Sie von dieser Seite aus erreichen können. Insbesondere besticht das Internet-Angebot des Herrn Böhmisch auch durch eine Vielzahl guter Hyperlinks zu katholischen Organisationen im Internet − etwa in Deutschland, Österreich, Italien und anderen Ländern der Welt.

Jerusalem Post

http://www.jpost.co.il

Die aktuelle Wochenzeitung aus Jerusalem können Sie ebenfalls auf Ihrem Bildschirm lesen. In Text und Bild wird Ihnen hier Aktuelles aus Israel berichtet. Die Jerusalem Post ist Israels größte Tageszeitung und wird weltweit gelesen. Im Internet

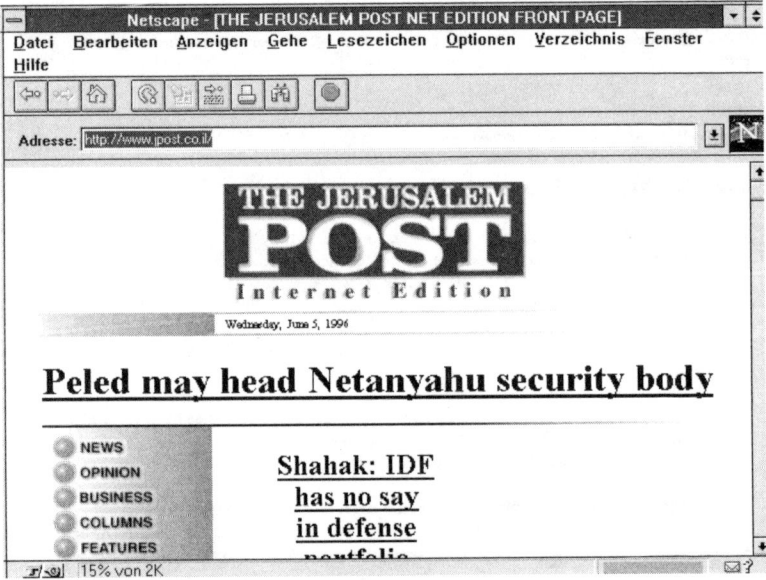

Jerusalem Post

finden Sie die internationale Ausgabe der Jerusalem Post in englischer Sprache. Hier erfahren Sie viele wertvolle Hintergrundinformationen zur jüdischen Religion wie auch zu Politik, Wirtschaft und Alltagsleben in Israel. Die internationale Ausgabe der Jerusalem Post erscheint jedes Wochenende.

Musikinterpreten
http://www.cmo.com/

Hier finden Sie alles, was Sie über christliche Musiker aus den USA immer schon erfahren wollten. Biographien der Künstler, Fotoarchiv, veröffentlichte Produktionen, Hintergrundinformationen und vieles mehr. Besonderes Highlight sind kurze

Musikstücke, die Sie aus dem Internet heraus anhören können. Die Internetdatenbank von CMO hat bereits mehrere Auszeichnungen bekommen und gehört zu den fünf Prozent häufigst genutzten Seiten des weltweiten Internets. Bei einem ausschließlich christlichen Angebot und der Tatsache, daß immerhin 50 Millionen Menschen derzeit das Internet nutzen, hat diese Auszeichnung eine besondere Aussagekraft. (Ähnlich häufig werden übrigens auch die Seiten des Papstes abgerufen.)

Die Lausanner Erklärung

http://www.goshen.net/lausanne/gercove.html

Interessante Informationen der Lausanner Weltevangelisations-Bewegung finden sich auf diesem Server. Dazu gehört unter anderem auch ein monatlich aktualisiertes Magazin mit Berichten zur Weltevangelisation. Unten im Bild sehen Sie die Lausan-

Lausanner Erklärung

ner Erklärung selbst, in einer Übersetzung von Horst Marquardt, Mitbegründer des Informationsdienstes der Evangelischen Allianz (idea), des Evangeliumsrundfunks (ERF) und der Konferenz Evangelikaler Publizisten (kep).

Das Sonntagsblatt
http://www.sonntagsblatt.de/

Das Sonntagsblatt, die christliche Wochenzeitung für Politik, Wirtschaft und Kultur, können Sie nun auch online im Internet lesen. Ausgewählte Artikel informieren Sie zu aktuellen Themen. Das Sonntagsblatt ist die auflagenstärkste christliche Wo-

Deutsches Sonntagsblatt

chenzeitung in Deutschland. Die gedruckte Ausgabe des DS feiert übrigens 1997 ihren 50. Geburtstag. Von kompetenten Autoren erfahren die Leser des DS Hintergrundinformationen und Stellungnahmen zu ethischen Fragen unserer Zeit. Warum sollte die Kirche auch Fragen der Sexualität, der Genforschung, der Arbeitspolitik immer den anderen überlassen. Ist nicht die Kirche gerade hier zur Stellungnahme verpflichtet?

MAF Missionsflugdienst
http://www.maf.org/

Der Missionsflugdienst MAF (Mission Aviation Fellowship) ist eine besondere Missionsgesellschaft, die mit ihren 140 Flugzeugen in über 25 Ländern missionarische Organisationen unterstützt. MAF leistet jährlich über 30.000 Flugstunden, in denen sie

MAF-Missionsflugdienst

Medikamente, Lebensmittel und andere Hilfsgüter vorwiegend in die Dritte Welt transportieren. Aber auch der Transport von Personal wie Ärzten, Pastoren und Entwicklungshelfern gehört mit zu der täglichen Arbeit von MAF. In einigen Ländern Afrikas werden MAF-Flugzeuge auch gelegentlich vom Auswärtigen Amt der Bundesrepublik Deutschland genutzt, weil die MAF-Flugzeuge häufig die einzigen Flugmittel im weiten Umkreis sind. So sind sie oft auch die ersten, die Helfer in Katastrophengebiete bringen.

Die Weltbevölkerung
http://www.census.gov/ipc-bin/popclockw

Nicht gerade ein spezifisch christliches Angebot, jedoch durchaus von Interesse dürfte der Weltbevölkerungszähler des Statistikamtes der Vereinigten Staaten von Amerika sein. Sind es schon 5,8 Milliarden Menschen, die unseren Globus bewohnen?

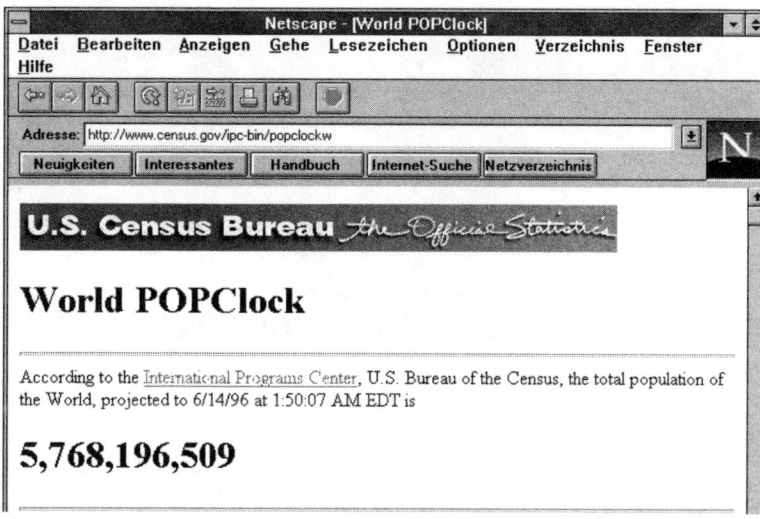

Die Weltbevölkerung

Wenn Sie es ganz genau wissen möchten, dann schauen Sie auf dieser Internetseite vorbei. Die Schätzungen beruhen auf anerkannten statistischen Größen. Sie erfahren hier auch, wieviel Menschen monatlich geboren werden oder sterben.Wieviel sind es wohl in den Sekunden, in denen Sie diesen Text lesen? Darüberhinaus informiert Sie das US Census Bureau auch über die Entwicklung der Menscheit in den vergangenen Jahrtausenden und in der nahen Zukunft. Wußten Sie, daß es 10.000 v. Chr. nur eine Million Einwohner auf der gesamten Erde gab?

Deutsches Spendeninstitut
http://www.dsk.de

Wer den Auftrag Christi des „Miteinander Teilens" ernst nehmen möchte und „dem Bedürftigen gern gibt", der wird die Informationen des DSK zu schätzen wissen. In einer riesigen Datenbank werden hier auf 16.000 Seiten Informationen zu fast allen Spendenorganisationen in und um Deutschland archiviert.

Deutsches Spendeninstitut

Sie erfahren hier wichtige Hilfestellung, um sich für das richtige Institut zu entscheiden. Informationen über Spendenaufkommen und deren Verwendung, Mitarbeiterzahlen, Aufwand für Projekte, Gemeinnützigkeit, Empfehlungen oder Warnungen usw. Die Datenbank des DSK registriert monatlich rund 25.000 Zugriffe von Spendern, Journalisten und interessierten Personen. Die Datenseiten enthalten umfassende Informationen und sind gut gegliedert.

Die Guten WWW-Seiten von Kiel
http://pc1.ifk-mp.uni-kiel.de7narjes/gut.html

Nach dem Vorbild der gedruckten „Guten Seiten", einer
Adreßliste von über 10.000 christlichen Einrichtungen des
deutschsprachigen Raums, die als Zusammenarbeit des Johan-
nes-Institut und des Verlags „Projektion J" erschienen ist, wird
auf diesen Webseiten über christliche Angebote vorwiegend in

Die Guten WWW-Seiten von Kiel

der Umgebung von Kiel berichtet. Hier erfährt man alles über die
verschiedenen christlichen Kirchen und Organisationen in der
Region. Veranstaltungen werden bekannt gegeben usw. Dic Guten WWW-Seiten von Kiel sind beachtlich, weil Sie ähnlich wie
die Projekte Tychikus (Braunschweig) und Nehemia (Karlsruhe)
vorwiegend aus dem geografischen Großraum berichten. Hiermit bekommt das Internet auch eine Aufgabe direkt vor Ort.

Operation Mobilisation
http://www.om.org

Die weltweite Missionsbewegung „Operation Mobilisation"
(OM) hat derzeit rund 2300 Mitarbeiter in 60 Ländern der Erde.
OM unterhält zusätzlich zwei Missionsschiffe mit durchschnitt-
lich 450 Mitarbeitern. Die „MV Doulos" (das älteste noch fah-

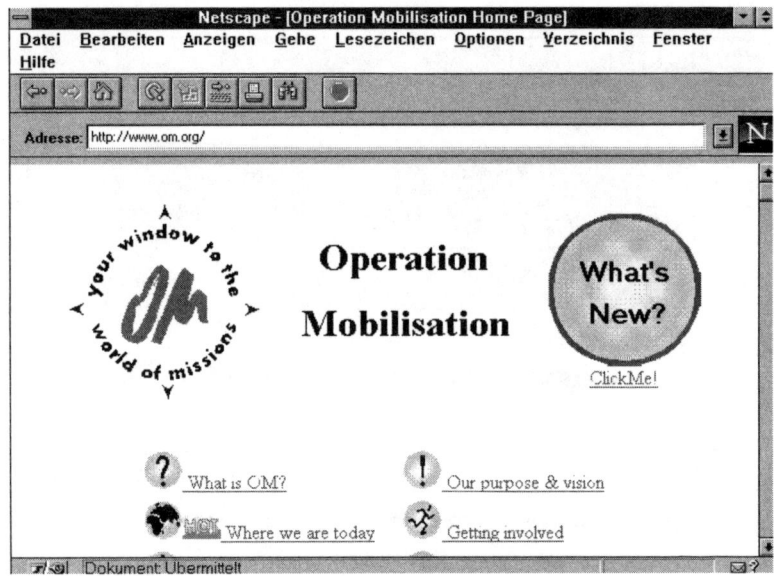

Operation Mobilisation

rende Passagierschiff der Welt) und die „MV Logos II" transportieren Bibeln, Hilfsgüter und Evangelisationsteams vorwiegend
in jene Städte und Landschaften der Welt, die nur oder besser
vom Meer aus zu erreichen sind. In den World-Wide-Web-Seiten
der Operation Mobilisation erfahren Sie alles über aktuelle Projekte und können Kontakt zu dieser Organisation bekommen.

Jugend mit einer Mission
http://www.ywam.org/

„Jugend mit einer Mission" (JMEM) ist ein internationales christliches Jugendwerk mit eigenen Universitäten (Hauptsitz: University of Nations – Hawai) und Ausbildungsstätten an 200 Orten der Welt. Jugend mit einer Mission (engl.: „Youth with a

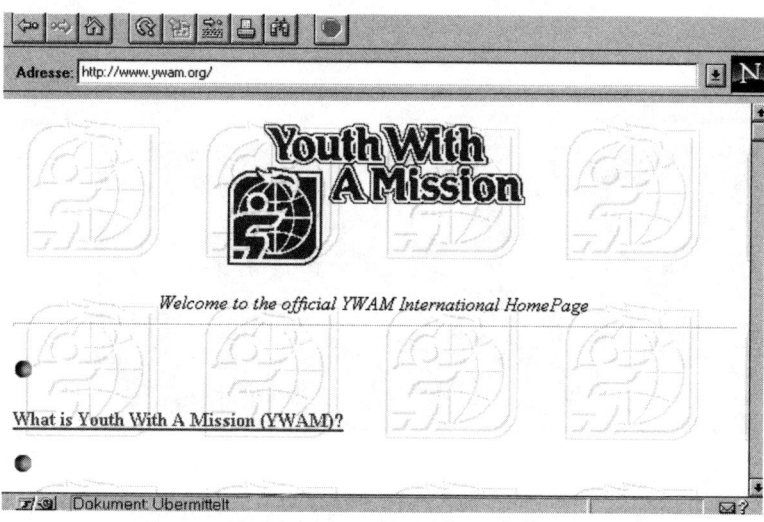

Jugend mit einer Mission

Mission" / YwaM) hat derzeit 10.000 hauptamtliche Mitarbeiter weltweit und sendet jährlich rund 250.000 junge Menschen zu missionarischen Kurzzeitaufenthalten in fast alle Länder der Erde. Die Arbeit von „Jugend mit einer Mission" wird größtenteils durch Spenden getragen. Die „Mercy Ships" (Schiffe der Barmherzigkeit) von JMEM, MV Anastasis und MV Good Samaritan, mit zusammen etwa 600 Mitarbeitern arbeiten hauptsächlich im Bereich der Jüngerschulung, der Nächstenliebe und der mobilen medizinischen Arbeit.

Serious Developments (Software)
http://www.viper.net/clients/serious

Die amerikanische Firma „Serious Developments" bietet den
vielleicht umfangreichsten Katalog für christliche Computerprogramme weltweit an. Sie können den Katalog per eMail erhalten
oder direkt aus dem Internet betrachten und nach Wunsch auf

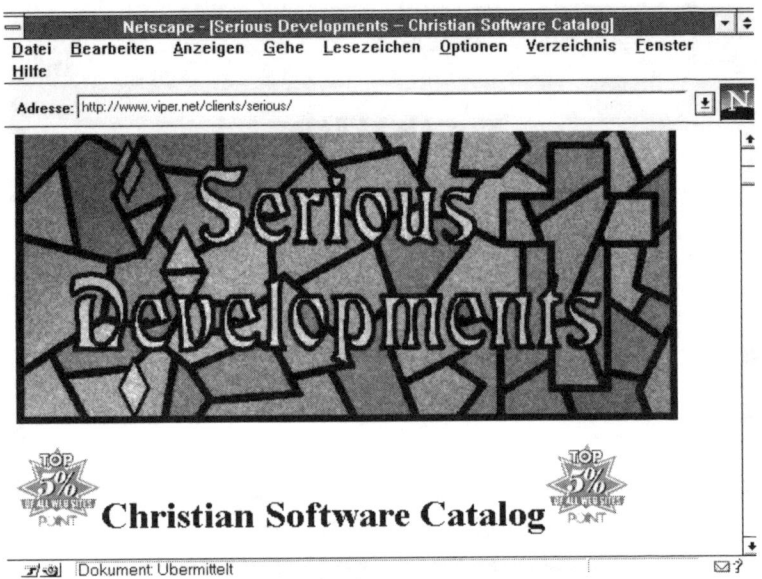

Serious Developments Software Katalog

die eigene Festplatte speichern. „Serious Developments" informiert jedoch nicht nur, sondern verkauft auch alle im Katalog
aufgeführten Produkte über den Versandhandel. Die Bestellun-
gen werden direkt online entgegengenommen. Allerdings ist für
den Geldverkehr mit den USA oft ein Vorausscheck empfehlenswert oder die Abwicklung über Kreditkarte. „Serious Developments" versendet auch regelmäßige Rundbriefe über christliche
Softwareneuerscheinungen mit Hilfe der elektronischen Post.

Internet for Christians Newsletter
http://www.gospelcom.net/ifc/newsletter.html

Quentin J. Schultze ist Professor für Kommunikationsforschung und Koordinator des größten evangelikalen Internet-Verbundes in den USA. Schultze hat sich in den USA besonders mit seinem Buch: „Internet for Christians" einen Namen gemacht.

Christians Newsletter

Besonders aktuell und erfrischend geschrieben berichtet Schultze aber auch alle zwei Wochen neu in seinem „Internet for Christians Newsletter" über neue christliche Dienste im Internet. Diese regelmäßigen Rundbriefe sind in englischer Sprache und können direkt online über das Internet gelesen werden. Hier erfahren Sie, wo hilfreiche Informationen im christlichen Internet zu finden sind. Es werden aber auch empfehlenswerte, gute Webseiten vorgestellt, die inspirierend für die eigenen Internetseiten wirken können.

Katholische Glaubensinformation (KGI)
http://www.kath.de/kgi/kghome.html

Die KGI informiert kostenlos über den katholischen Glauben. Wichtigstes Arbeitsfeld sind dabei schriftliche Glaubensgrundkurse, die den Interessenten zugesandt werden. Dabei handelt es sich um einen Fernstudienkurs. Die Lehrgangshefte werden von den Teilnehmern bearbeitet und können dann zur Korrektur an die KGI zurückgesandt werden.

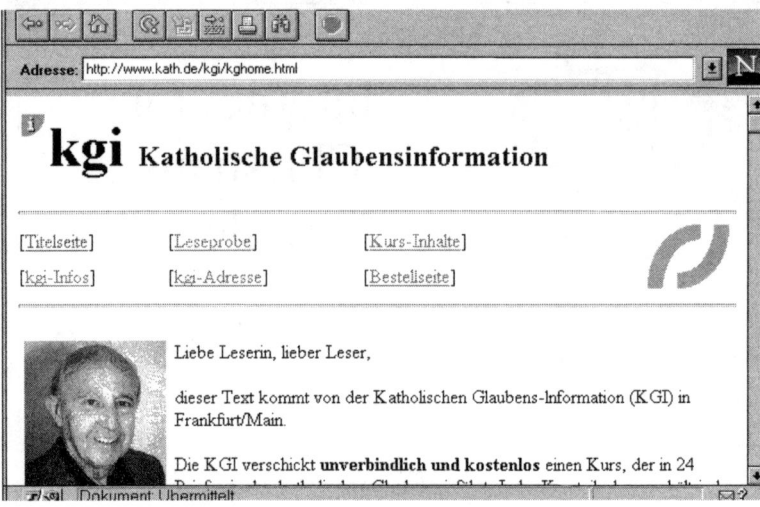

Katholische Glaubensinformation (KGI)

Diese Fernstudienlehrgänge werden kostenlos betreut. Neben diesem Haupttätigkeitsfeld informiert die KGI unter anderem schon seit längerer Zeit auch im ehemaligen Bildschirmtext, wo jährlich bis zu 10.000 Zugriffe auf die KGI-Seiten registriert werden konnten. Seit mehreren Monaten ist die KGI auch im Internet präsent. Inzwischen sind die KGI Seiten auf einem speziellen Server „kath. de“, der auch andere katholische Organisationen im Internet betreut.

ARD-Serie: Die Bibel
http://www.kath.de/bibel/index.html

Auf dieser Webseite finden Sie Hintergrundinformationen und Sendezeiten zur ARD-Serie: „Die Bibel". Mit der Ausstrahlung dieser Neuverfilmungen von Leo Kirch wurde 1996 begonnen. Laut Leo Kirch ist es ein alter Jugendtraum des Fernsehproduzenten, die Bibel noch einmal neu und möglichst komplett zu verfilmen.

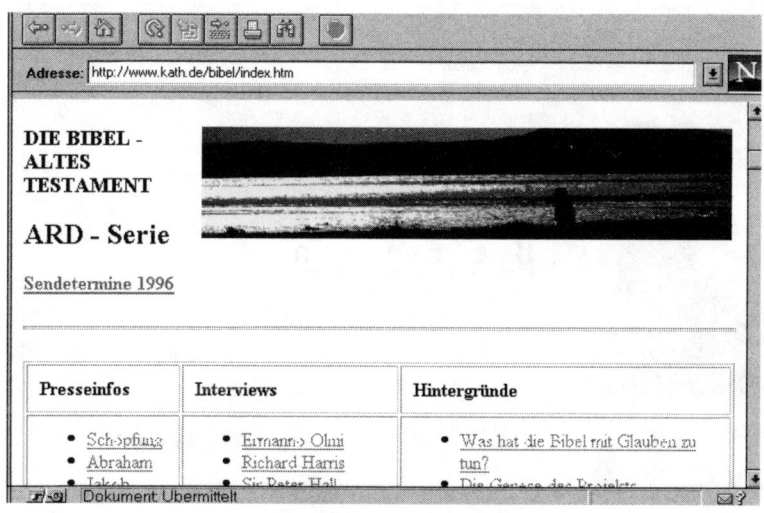

Neuverfilmung der Bibel

Erste Oscars und andere wichtige Auszeichnungen haben seine biblischen Filme auch schon gewonnen. Zur Ausstrahlung bot sich in Deutschland die ARD als Fernsehsender an. Dies obwohl es ein Konkurrent zu den privaten Sendern der Kirchgruppe ist. Nach Kirch mache es sich gut, wenn die Bibelgeschichten nicht von der Werbung unterbrochen werden.

Kinderhilfswerk Bergen

http://members.aol.com/gegobrd/khw.html

Das Kinderhilfswerk Bergen ist ein evangelikales Hilfswerk, das sich größtenteils aus Spenden trägt. Zusätzlich versucht man aber auch, durch den Verkauf von Teeprodukten die Bedürftigen zu unterstützen.

Kinderhilfswerk Bergen

Der Internetsurfer findet daher auf dieser Homepage nicht nur wissenswerte Informationen zum Kinderhilfswerk Bergen, sondern er hat auch die Möglichkeit, direkt und online Teeprodukte für sich zu bestellen.

Internationale Bibelgesellschaft
http://www.gospelcom.com/ibs

Wenn Sie sich über die Verbreitung der Bibel informieren möchten und wissen wollen, in welche Sprachen die Bibel bereits übersetzt worden ist, sind Sie auf den Webseiten der Internationalen Bibelgesellschaft (International Bible Society) richtig.

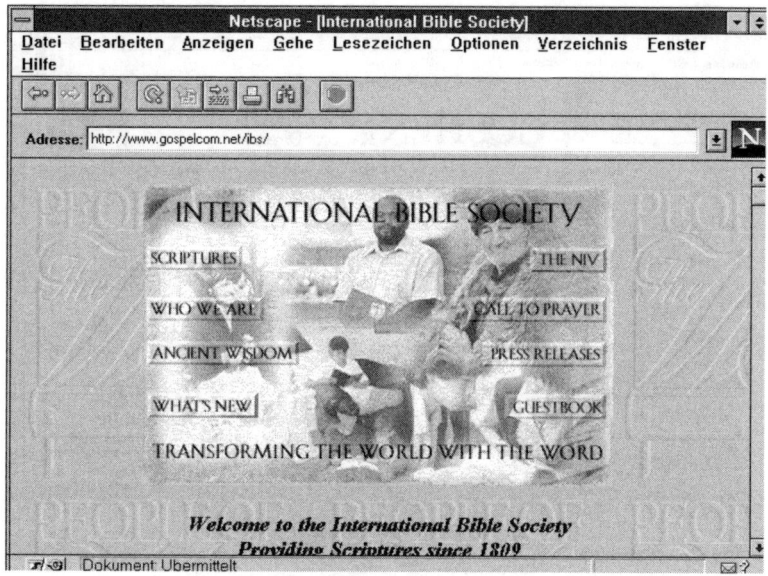

International Bible Society

Die IBS organisiert unter anderem auch die Herstellung und Lieferung von Bibeln nach Osteuropa und Asien. Sie ist eine der wichtigsten Bibelgesellschaften in den USA.

GOSHEN – Internetsuchsystem für Christen
http://www.goshen.com

Die größte christliche Internetdatenbank liefert der Goshen-Suchcomputer. Hier finden Sie über 6000 Adressen von christlichen Internetangeboten. Sie können über Themenverzeichnisse ans Ziel gelangen oder auch nach Stichworten abfragen.

Internetsuchsystem

Bemerkenswert ist immer wieder, wie schnell derartige Suchabfragen durch tausende Dokumente zum Ergebnis gelangen. Oft dauert es nicht einmal Sekunden, bis man die gewünschte Information erhält. Besonders beachtlich beim GOSHEN-Suchsystem ist auch die moderne HTML-Programmierung der Homepage. Rahmen, Grafiken, Listenfelder, wer sich ein Bild über die Möglichkeiten der HTML-Programmierung verschaffen möchte, sollte hier ebenfalls einmal vorbei sehen.

World Vision
http://www.wvi.org

„World Vision" ist ein weltweit tätiges Hilfswerk mit 1300 Mitarbeitern in fast 40 Ländern. Unter anderem werden Kinderheime und Ausbildungsstätten in Ländern der sogenannten Dritten Welt gefördert. „World Vision" bietet auch sogenannte

Das „World Vision"-Hilfswerk

„Kinderpatenschaften" an, bei denen ein Spender über einen längeren Zeitraum mit regelmäßigen monatlichen Zahlungen ein bestimmtes Kind im Ausland unterstützt. Zwischen dem Kind und seinen „Pateneltern" kann ein Briefkontakt gehalten werden. „World Vision" ist eine gemeinnützige Einrichtung, die sich hauptsächlich aus Spenden finanziert. „Word Vision" zeichnet sich zudem durch ein klares christliches Bekenntnis aus.

Unverstandene Dinosaurier
http://www.bellnet.com/leben/leben.htm

Warum starben die Dinosaurier? Was weiß die Bibel von den Dinosauriern? Diesen und anderen Fragen der naturwissenschaftlichen Forschung zur Schöpfungsgeschichte widmet sich Dr. Joachim Scheven mit dem Kuratorium Lebendige Vorwelt e.V.

Dinosaurier im Internet

Scheven studierte Zoologie, Botanik, Geologie und Paläontologie in Rostock und München sowie nach seiner Promotion Parasitologie und Tropenmedizin in Hamburg. Während eines langjährigen Aufenthalts in Afrika und zahlreichen Forschungsexkursionen hat Dr. Scheven umfassende Formenkenntnis erworben und vielseitige Sammlungen angelegt. Darüber hinaus ist Dr. Scheven bereits auch als Buchautor zu Fragen der Evolutionslehre bekannt.

Christus im Wüstenkloster
www.christdesert.org

Das Benediktinerkloster „Monastery Christ in Desert" (USA) hat offenbar einen Weg gefunden, um aus der Einsamkeit der Wüste heraus Christus in aller Welt zu verkünden. Die regen Benediktinermönche nutzen hierfür das Internet. Ihre besondere Fähigkeit liegt unter anderem darin, die Welt mit ihren wundervollen Christusdarstellungen zu beglücken. Sie nutzen die künstlerischen Fertigkeiten, welche die Klöster schon im Mittelalter auszeichneten, nun auch im World Wide Web.

The Monastery of Christ in the Desert

Freunde dieser mittelalterlichen Kirchenkunst finden hier vielleicht auch Anregungen für Ihre eigenen Webseiten. Bruder URL (Abkürzung für eine Internetadresse) möchte Ihnen hierbei jedenfalls mit Rat zur Seite stehen.

Mittelalterliche Webkunst

Hello. I'm Brother URL,
Your Monastic Guide

I'm the Porter here at the Monastery of Christ in the Desert, and it's my job to insure that you have an enjoyable tour of our monastery. Just pick the site you would like to visit from the list below, and I'd be happy to take you there.

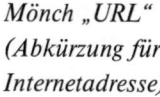

Mönch „URL"
(Abkürzung für
Internetadresse)

Elbikon für Windows

http://ourworld.compuserve.com/homepages/elbikon

Elbikon (Elektronische Bibelkonkordanz) ist ein Bibelprogramm, das bereits 1989 entstanden ist und seitdem mehrfach
verbessert wurde. Mit der aktuellen Version für Windows liegt
ein sehr leistungsfähiges Bibelprogramm vor, für das es inzwi-

Elbikon — Elektronische Bibelkonkordanz

schen eine Reihe verschiedener Bibeltexte gibt: „Einheitsübersetzung", „Hoffnung für alle", „Schlachter" und viele andere
Texte mehr. Außerdem dient die Elbikon Datenbank auch als
Grundlage für das elektronische Gesangbuch: Choral. Wer sich
über den aktuellen Stand der Elbikon Programmbausteine informieren möchte, sollte einfach einmal auf die ElbikonHomepage
sehen.

Bethany Bible Collection — Freie Software
http://www.cdrom.com/pub/bible

Die „Bethany Bible Collection" ist ein riesiges Archiv mit
rund 1200 kopierfreien christlichen Computerprogrammen, die
Sie als „download" auf Ihren Computer speichern können. Es
handelt sich hierbei um eine Sammlung von Freeware, Public

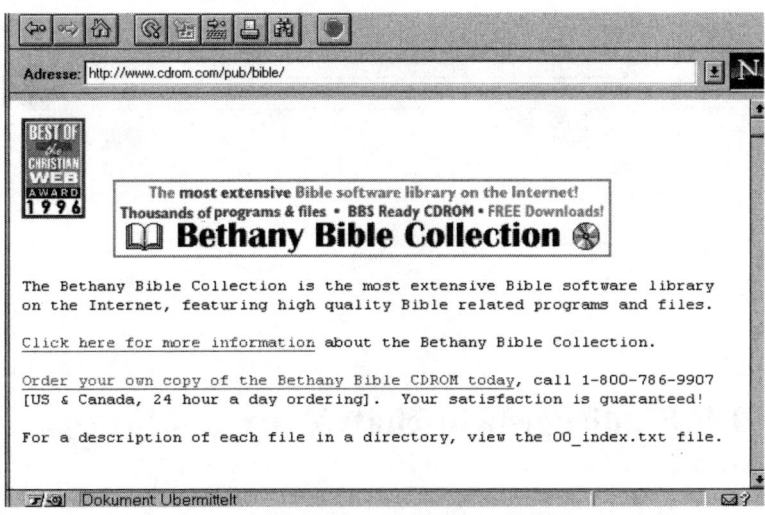

1200 Programme, gratis zum download

Domain- und Shareware-Programmen mit christlichen Inhalten,
die auf einer CD-ROM zusammengefaßt wurden. Die Einspei-
sung der CD-Inhalte in das Internet hat fast ein halbes Jahr ge-
dauert. Dafür haben die Webseiten der „Bethany Bible Collection" inzwischen bereits mehrere Auszeichnungen bekommen.
Das Angebot ist übersichtlich aufgebaut, leicht zu bedienen und
sehr zuverlässig in der Funktionstüchtigkeit. Wer sich die Telefongebühren sparen möchte, kann natürlich auch die CD-ROM
direkt bestellen. Die Programme sind in englischer Sprache.

Wort und Wissen e.V.

http://www.urz.uni-heidelberg.de/u/urz/x91/www/wuw/
wuw.html

Die Studiengemeinschaft „Wort und Wissen e.V." ist ein Zusammenschluß von Christen aus vorwiegend wissenschaftlichen Berufen. Sie will in einer vom Pluralismus geprägten Gesellschaft Orientierung bieten.

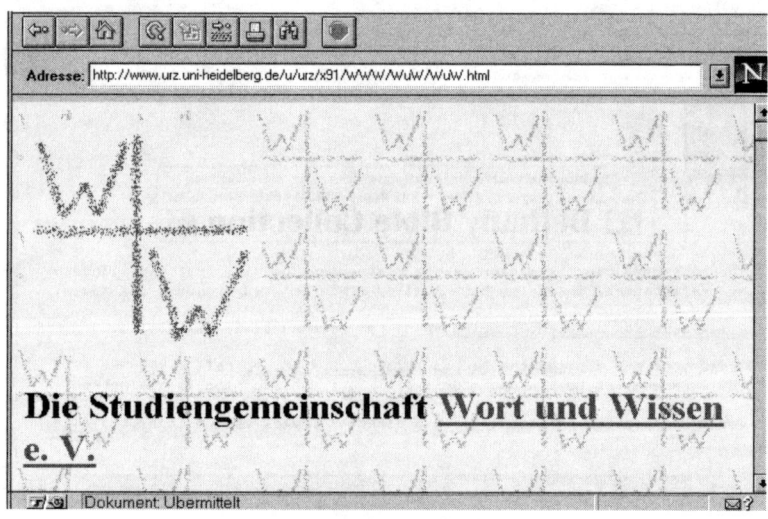

Wort und Wissen e.V.

In der kritischen Auseinandersetzung mit säkularen Denkvorstellungen soll gezeigt werden, wie die wissenschaftlichen Daten aus der biblischen Perspektive gedeutet werden können. Die Studiengemeinschaft „Wort und Wissen e.V." veranstaltet Fachtagungen, Konferenzen und Seminare und gibt eine Reihe von verschiedenen Publikationen heraus. Dazu gehören unter anderem auch verschiedene Bücher zum Thema "Evolutionslehre und Schöpfung", die von namhaften Autoren geschrieben wurden.

Ökumenischer Weltrat der Kirchen
http://193.73.243.3/oikumene.html

Der Ökumenische Weltrat der Kirchen in Genf ist eine Einrichtung, in der sich 330 Kirchen aus 120 Ländern und allen Kontinenten zum gemeinsamen Gespräch miteinander zusammengeschlossen haben.

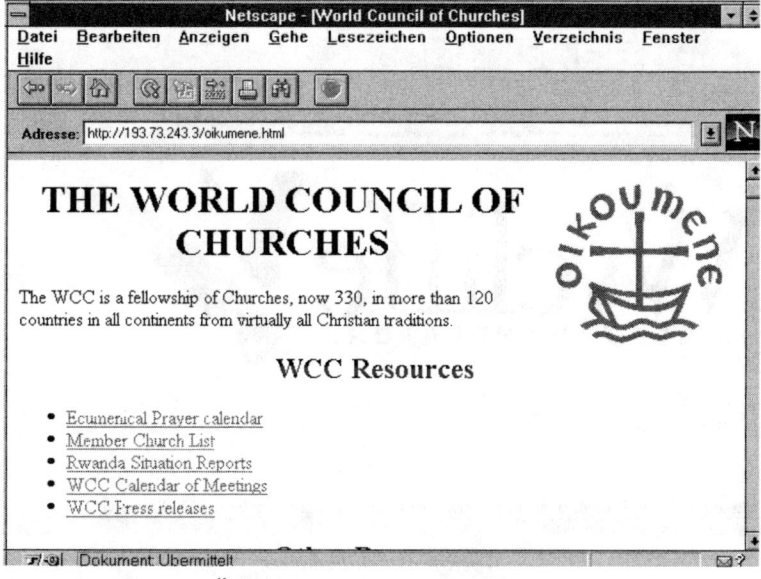

Ökumenischer Weltrat der Kirchen

Es geht darum, Vorurteile gegen andere Konfessionen und Traditionen abbauen zu helfen. In seinen World-Wide-Web-Seiten berichtet der Ökumenische Weltrat der Kirchen über seine verschiedenen Arbeitszweige und aktuelle Themen. Wer sich über die Arbeit der Ökumene informieren möchte, findet hier einen guten Start.

Wycliffe Bibelübersetzer
http://www.wycliffe.org

Die „Wycliffe Bibelübersetzer (WBÜ)" zeichnen sich dadurch aus, daß sie sich ganz der Aufgabe gewidmet haben, das Neue Testament in jede Sprache zu übersetzen. Derzeit gibt es in der Welt mehr als 6000 verschiedene Sprachengruppen, von denen rund 1000 noch nicht die Bibel in ihrer Muttersprache lesen können.

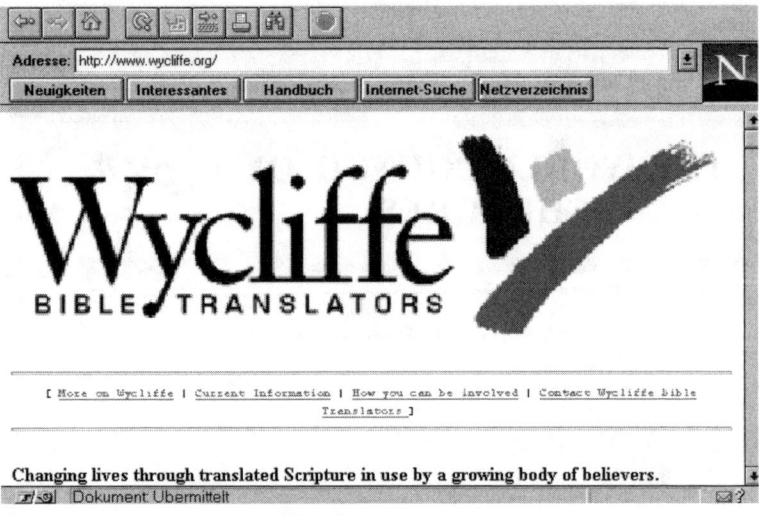

Wycliffe Bibelübersetzer

Für die „Wycliffe Bibelübersetzer" sind weltweit mehr als 6000 Mitarbeiter tätig. WBÜ selbst hat das Neue Testament bereits in über 330 Sprachen übersetzt. Zusätzlich hat Wycliffe sich an ca. 1000 weiteren Übersetzungen des Neuen Testaments beteiligt. Aber es werden noch viele Übersetzer, Berater, Mitarbeiter für Alphabetisierungsprogramme sowie Unterstützungspersonal benötigt.

Benny Hinn
http://www.bhmm.org

Gerade für die Auseinandersetzung mit kritischen Themen bietet das Internet gute Informationsquellen. Eine Streitfrage unserer Zeit ist die Problematik, ob und wie in der Kirche von heute für Kranke gebetet werden sollte. Einen recht strittigen Ansatz verfolgt hier der Evangelist Benny Hinn aus Florida (USA).

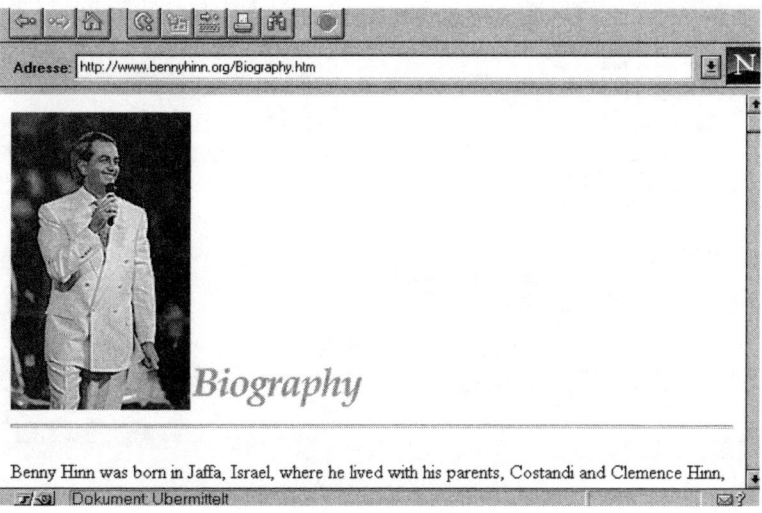

Fernsehevangelist Benny Hinn

Seine Gottesdienste werden von tausenden hilfesuchender Menschen aufgesucht, von denen einige in spektakulärer Weise von Gott geheilt wurden, wie diese es von sich selbst sagen. Benny Hinn verkündet seine evangelistische Botschaft inzwischen aber auch in verschiedenen Fernsehbeiträgen rund um die Welt. Die bekannteste ist „This is your day". Diese Sendung wird täglich von verschiedenen Fernsehkanälen ausgestrahlt und von einem Millionenpublikum verfolgt.

Internet Hochschule — Online Bible College
olbc@sotl.com

Das Internet bietet auch neue Möglichkeiten der schulischen Bildung. In vielen Ländern beginnt gegenwärtig erst die Umrüstung der Schulen auf die neue Internet-Technik. In Deutschland fördert eine Initiative „Schulen ans Netz" (www.san.org),

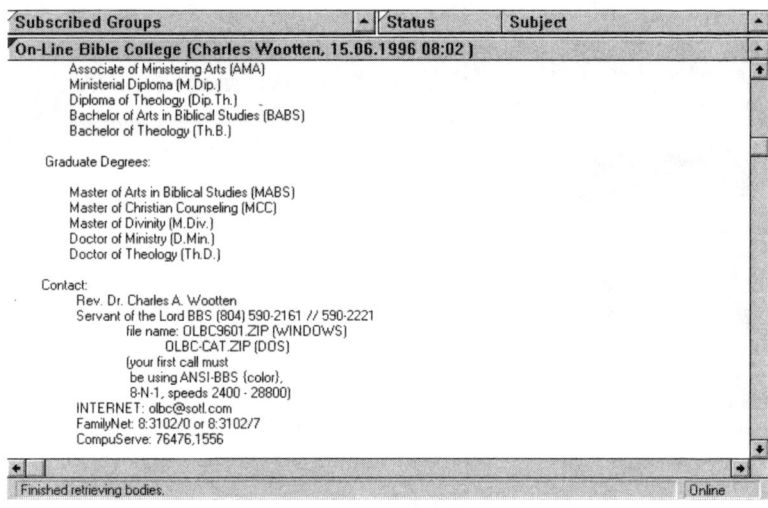

Hochschulstudium über das Internet

mehr als 10.000 Schulen, die bis zum Jahr 2000 in Deutschland ans Netz wollen. Hauptsponsor ist die deutsche Telekom AG. Andere Länder sind hier schon fortschrittlicher. In den USA bieten einige Institute bereits Fernstudienmöglichkeiten bis hin zum „Doktor der Theologie". In unserem Beispiel OLBC senden die Studenten ihre schriftlichen Arbeiten nach Durcharbeitung der Lehrunterlagen per eMail zurück an ihre Hochschule in Florida, USA. Ebenso erhalten sie natürlich auch die Auswertungen zurück.

Studentenmission in Deutschland
http://www.smd.org

Die Studentenmission in Deutschland (SMD) bietet auf
ihrem Server Informationen über die Arbeit christlicher Gruppen an den Schulen und Hochschulen in Deutschland. Sie finden
hier eine wohlgeordnete Übersicht über alle SMD-Gruppen in
Deutschland.

Studentenmission in Deutschland

Die Gruppen sind alphabetisch nach Städten geordnet. Mit einem Mausklick gelangen Sie weiter zu den Webseiten der aus-
gewählten Ortsgruppe. Zusätzlich bietet der SMD-Server Informationen über Seminare und Veranstaltungen. Das World-Wide-
Web-Angebot der SMD ist vorbildlich organisiert.

Christlicher Verein Junger Menschen (CVJM)
http://www.cvjm.org/

In seinen Web-Seiten informiert der CVJM über seine Geschichte, seine verschiedenen Aktivitäten in der Gegenwart und
stellt die verschiedenen regionalen CVJM-Gruppen vor. Wohl
einzigartig unter den kirchlichen Web-Servern ist die Möglich-

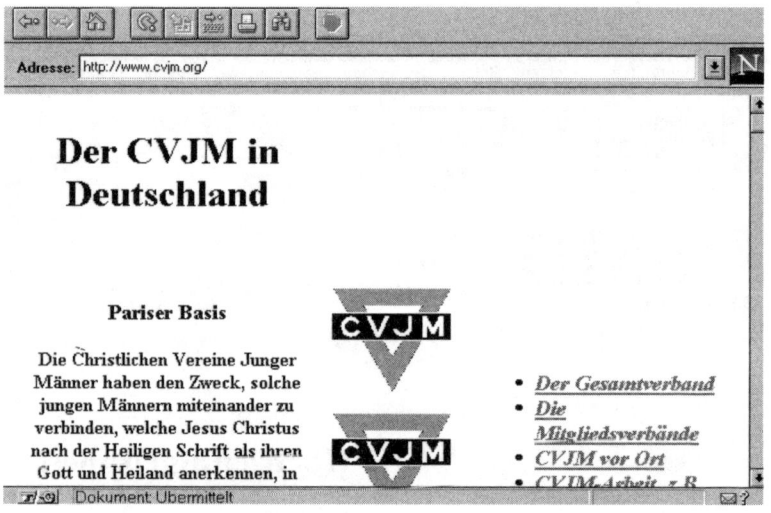

Christlicher Verein Junger Menschen

keit für CVJM-Ortsgruppen, kostenlosen Platz auf diesem Web-
Server zu bekommen. Hoffentlich nehmen sich dies andere
kirchliche Anbieter zum Vorbild. Bei vielen von ihnen kostet die
Unterbringung einer World-Wide-Web-Homepage noch Beträge
zwischen fünfzig und hundert Mark für eine einzige Seite. Insgesamt ist das Informationsangebot des CVJM sehr umfassend,
allerdings bezieht es sich fast ausschließlich auf die Vorstellung
der eigenen Aktivitäten dieses 260.000 Menschen erreichenden
Verbandes.

Kolping Jugend
http://members.aol.com/asymann/kolping.html

Auch Gruppen der katholischen Kolping Jugend finden Sie im Internet. Hier eine besonders interessante Idee einer Jugendgruppe. Auf einem Pfarrfest möchten die Jugendlichen vorstellen, welche christlichen Angebote es im Internet gibt. Hierzu

Kolping Jugend

haben sie einen besonderen Wettbewerb vorbereitet. Rechtzeitig vorher haben sie in verschiedenen Internetmitteilungsgruppen ihr Projekt vorgestellt. Es wurde dazu ermutigt, ein Rekord-Gästebuch anzulegen, in das sich Internet-Gäste des Pfarrfestes aus aller Welt eintragen konnten. Hieran hatten die Besucher des Pfarrfestes ihre Freude, und es wurde deutlich, wie Christen aus allen Ländern und aus den verschiedenen Konfessionen füreinander da sind.

Geschichte der Charismatischen Bewegung
http://oru.edu/admin/hsr/pentorg 1.html

Die Oral Roberts Universität in Tulsa, Oklahoma bietet einige Dokumente zum Hintergrund der charismatischen Bewegung / Pfingstbewegung. Die Oral Roberts Universität ist die wohl größte, charismatisch ausgerichtete Universität der Welt. Sie bie-

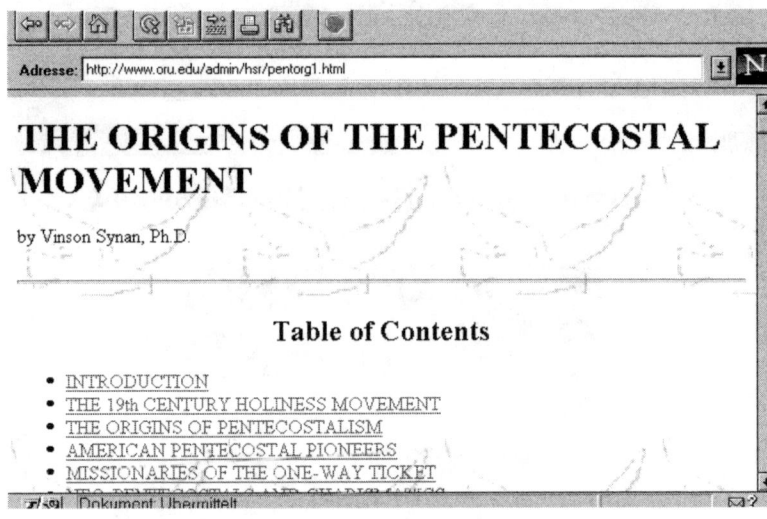

Geschichte der Charismatischen Bewegung

tet neben dem theologischen Fachbereich jedoch auch Naturwissenschaften, Ingenieurwissenschaften, Medizin, div. Lehrämter, Wirtschaftswissenschaften und anderes mehr an. Wie es dem amerikanischen Schulstandard entspricht, verfügt die Oral Roberts Universität über gut ausgebaute Computeranlagen für Studium und Verwaltung. Einige Angebote finden sich auch im World Wide Web unter „http://www.oru.edu". Der Gründer dieser Universität, Oral Roberts, ist in den USA insbesondere durch div. Fernseh- und Rundfunksendungen bekanntgeworden.

Contrapunkt
http://www.colourcollection.de/contrapunkt

„Contrapunkt" ist eine christliche Zeitschrift für junge Leute. „Contrapunkt" erscheint alle zwei Monate im MBK-Verlag Salzuflen, 1996 bereits im 71. Jahrgang. Die World Wide Web-Seiten berichten über die Zeitschrift und stellen einige aktuelle Artikel

Die Zeitschrift Contrapunkt

aus dem Magazin vor. Dabei fällt dem Betrachter die lebendige, ansprechende Gestaltung der Webseiten deutlich positiv auf. Entsprechend der jugendlichen Leser sind auch die Internetseiten sehr lebensfroh, poppig und durch interessante Multimedia-Elemente aufgelockert. Contrapunkt berichtet über Musik, Schule, Trends, Seelsorgethemen, Politik und Gesellschaft und bleibt in seiner Berichterstattung nicht an der Oberfläche.

Index

Symbole

@, gesprochen: „at" 170

A

Acrobat PDF 216
Adobe 60
Adressenverzeichnis 258
Alt Gr-Taste 20
Alt-Taste 20
Amerika Online 188
amerikan. christl. Software 230
Ami Pro 54
Anastasis, Motorschiff 229
Andersons, Dominica 179
AOL 188
ARD 233
ARPAnet 164
Aufatmen 213
AUTOEXEC.BAT 38

B

BACKUP 34
Bank 172
Bayern 205
Belichter 61
Benediktinermönche 239
Bergen, Kinderhilfswerk 234
Bergmöser und Höller 127
Best of the Christian Web 217
Bethany Bible Collection 241
BI0S 37
Bibel Plus 88

Bibel Recherche 68
Bibel und Geschichte 149
Bibelatlas für Windows 97
Bibellesebund e.v. 150
Bibellesebund-Verlag 147
Bibelübersetzer, Wycliffe 244
Bible Gateway 204
Bible Picture Library 122
Bible Shuttle 150
Bible Works 85
Biblia Hebraica 85
Böhmisch, Franz 219
Botschaft Israels 216
Braunschweig 227
Briefpartner 170
Brockhaus Verlag 78, 88
Browser 174
Brunnen-Verlag 83
Bundesverlag 213

C

Campus für Christus 215
Charismatische Bewegung 250
Chatroom 177
Chatten 177
Choral 155
Christian Computer Art 123
Christian Images 124
CMO-Musikarchiv (engl.) 221
CompuServe 188
Computermission 161
Computerspiele 135
CONFIG.SYS 37
Corel Foto-CD 119

Corel Ventura Publisher 61
CrosSearch 176
Cursortasten 21
CVJM 248

D

Das Sonntagsblatt 223
Dateimanager 44
Dateinamen 29
Datenautobahn 163
Datenbankprogramme 53
Datensicherung 33
David, Computerspiel 138
Davka Corporation 148
DAWN Fridayfax 209
de.sci.theologie 185
Deutsche Bibelges. 68
Deutsches
  Spendeninstitut 226
Dinosaurier 238
DISKCOPY 34
Diskettenformate 26
Dollbergen 63
Donum 112
Doppelseitenausdruck 61
Doulos, Motorschiff 228
download 241
Drucker 22
Druckerei 61
DTP 60

E

EC 211
EDIT 31
Editor 31
edu 174
Eingabetaste 20

Einheitsübersetzung 84
Einnahmen-Überschuß-
  Buchhaltung 109
EKD 201
Elberfelder Bibel 204
Elberfelder Bibeltext 75
Elbikon für Windows 79
Elbikon Homepage 240
Elbiwin 74
Elektronische Post 170
eMail 170
ENIAC 12
Enter 20
Enzykliken d. Papstes 202
epv 205
ERF 214
Etiketten 56
Evolutionslehre 242
Exodus, Spiel 137

F

Faltblätter 60
Family 213
Fernstudien 246
Finanzverwaltung 109
Flugdienst, MAF 224
formatieren 28
Free Agent 187
Freeware 241
Freie Software 241
Fresemann, Rüdiger 116, 118
Frey, Matthias 88
Funktionstasten 20

G

GameBoy 137
Gästebuch 201

Geburtstagsblatt 117
Gemeindebrief 63
Gemeindebrief, GEP 125
Gemeindebriefe 60
Gemeindegliederverwaltung 101
Generalkonsulat Israels 216
GEP 125
Gesangbuch auf Diskette 155
Geschichte der Bibel 149
GOSHEN –
Internetsuchsystem
für Christen 236
gov 174
Graffam-Minkus 206
Graße, Peter 200
griechischer Bibeltext 85
Grittmann, Georg 162
Grundausstattung 15
Gute Nachricht 75
Gutenberg 66

H

Hardware 18
Hauptverzeichnis 32
Hebräischer Bibeltext 85
Hegele, Günter 92
Hermeneutica Software 87
Hilfswerk 237
Hinn, Benny 245
Hoffnung für alle 79
Hollerith 12
Homebanking 172
Homepage 196
Host 165
HTML 195
Hyperlinks 196

I

IBM 12
image digital 127
interaktive Reise 145
International Bible Society 235
Internet for Christians 231
Internet-Anbieter 188
Internetadresse, Aufbau 174
ISDN 168
Israel 216
Israel Foto-CD 119

J

Janz Team 151
Java 174
Jerusalem, Chatroom 181
Jerusalem One 212
Jerusalem Post 220
Jesus Film Projekt 215
Jesus Online Magazin 213
Jokerzeichen 30
Jugend mit einer Mission 229

K

Karlsruhe 227
kath.de 232
Katholische Glaubens-
information (KGI) 232
Katholisches Bibelwerk 84
KEYB GR 38
Kiel 227
Kinder entdecken ... 140
Kinderheime 237
Kirchenlieder 155
Kirchliches Rechenz. Han. 105
Kolping Jugend 249

Konfigurationsdatei 37
konstruktiv 67
Krallmann, Matthias 111
Kunst, klösterlich 239
Küstenmacher 205

L

Landkarten 97
Laserdrucker 24
Laufwerke 26
Lausanner Erklärung 222
Layoutprogramm 60
Leben Jesu 145
Lettenmeier 205
Lexikon zur Bibel 92
Liederdichter 156
LifeNet 162
Linz, Universität 219
Logos, Motorschiff 228
LOGOS online 199
Logos@t-online.de 170
Losungen, Herrenhut 157
Löwensteiner Cartoon 129
Luther 205
Luther Bibel im Internet 203
Luther-Bibel 68
Lutherbibel f. Windows 68

M

MAF Missionsflugdienst 224
Mailbox 162
Malkasten 136
Mercy Ships 229
Microsoft Internet Assistant 195
Modem 168
Monastery Christ
  in Desert 239

MS-DOS 26
MSA Maus 101
Multitasking 47
Musikarchiv, internationale
  Künstler 221
MyPlace 193

N

Nadeldrucker 22
Nehemia 227
Nestle Aland 85
Netscape 174
Neukirchener Kalender 159
Newsgroups 185
Nintendo 137
Nixdorf 12
Noah & Co 136
Num-Taste 21
Numerische Tastatur 21

O

Office 53
Offline-News-Reader 187
Offsetdruck 61
Offsetdruckvorlagen 25
Ökumenischer Weltrat 243
Online Bibel 90
Online Bible College 246
Online Pfarrerin 206
Operation Mobilisation 228
OptiGem 109
Oral Roberts Universität 250
OS/2-Warp 166
Österreich 219
Osteuropa 235

P

PageMaker 60
Papst 202
Parsons Technology 98, 124
Paßwort 168
PATH 38
Pathways Through Jerusalem 153
PDF-Format 61
Personalcomputer 12
Pfad 32
Pfarramt 99
Pfarrfest 249
Picture Office 129
Postscript 61
Programme 13
Public Domain 241
Publizieren im Internet 188

Q

Quark X-Press 62
Qumran 219

R

Radio Vatikan 202
Rechtschreibkorrektur 53
Religio-Sektendatenbank 218
Religious ClipArts 131
RESTORE 34
Return 20
Rienecker, Fritz 92
Rom 202
Rücktaste 20
Rundfunk 214

S

Satellitenrundfunk 214
Satzdatei 62
Scheven, Joachim 238
Schlachter Bibel 79
Schnell, Matthias 201
Schöpfung 242
Schreibmaschine 53
Schulen ans Netz 246
Schulte und Gerth 152
Schultze, Quentin J. 231
Scientology Church 218
Seelsorge 206
Septuaginta 85
Serienbrief 55
Serious Developments 230
Shalom Windows 148
Shareware 241
SHI 108
Sicherheitskopien 34
Sinfonie, Verwaltung 106
Sinsheim-Reihen 161
SMD 247
Smily 178
Software 18
Sonntagsblatt 223
Spendenbuchhaltung 112
Spendeninstitute, Verzeichnis 226
Spendenverwaltung 109
Spitta, Philipp 156
Star Writer 54
Steckkarte 168
Stiftshütte 151
Strg-Taste 20
Studenten 215
Studentenarbeit, SMD 247
Studienbibel 78
Suchsystem für Internet 236

Sunflower Software 144
Surfen 174
Systemkonfiguration 36

T

Tab-Taste 20
Tabellenkalkulation 53
TAE-Stecker 168
Tastatur 20
Teeverkauf über Internet 234
Telefonsteckdose 168
Tempelmauer, Jerusalem 184
Textverarbeitung 53
Themengruppen 185
Tintenstrahldrucker 23
Toner 25
Tychikus 227

U

Übersetzungsprogramme 212
Umschalttaste 20
Usenet, Newsgroups 185

V

Vatikan 202
Ventura Publisher 62
Verzeichnisse 32
Videoausschnitte 166
Vierfarbseparierung 61
Vineyard Bewegung 210

Vobis 17
Vulgata 85

W

Warum christliche Software? 65
Web.de, Säkulare dt. Server 175
Webcrawler 176
Weltbevölkerung 225
Werbedienst 129
Wettbewerb 249
Windows 39
Windows 95, Sondertasten 21
Wittenberg 208
wmf-Bildformat 124
Word Perfekt 54
World Vision 237
World Wide Web 193
Wort und Wissen 242
Wüstenkloster 239
WWW 165
Wycliffe Bibelübersetzer 244

Y

Yahoo 175

Z

Zeitschrift 60
Zeitung 220
Zeugen Jehova 218
Zürcher Bibel 79
Zuse 12

Adressenverzeichnis

Im Folgenden wollen wir auf einige wichtige Herausgeber christlicher Computerprogramme hinweisen. Es handelt sich hier natürlich nur um einen Auszug und keine komplette Liste. Zum Teil sind die Programme mit angegeben.

Katholische Bibelanstalt
Silberburgstraße 121
70176 Stuttgart
Einheitsübersetzung für PC

R. Brockhaus Verlag
Software Edition
Champagne 7
42781 Haan
Verschiedene Bibelprogramme, christliche Computerspiele, …

Deutsche Bibelgesellschaft
Balinger Str. 31
70567 Stuttgart
Verschiedene Bibelprogramme

Hänssler-Verlag
Friedrich Hänssler KG
Bismarckstraße 4
73765 Neuhausen
Lutherbibel für Windows

Logos Software
Dipl. Kaufm. Sven Brands
Hebelstraße 2
68535 Edg.-Neckarhausen
fremdsprachige Zeichensätze und altsprachliche Bibeln für Windows

Ingenieurbüro Matthias Frey
Biberweg 4
D-72768 Reutlingen
Telefon (0 71 21) 96 80 37
Telefax (0 71 21) 96 80 38
„Elbiwin" Bibelprogramme

ABC-Verlag
Herrn Pastor Mumsen
Postfach 12 62
25548 Kellinghusen
„Bibel Workstation"

Nota Bene Europe
Hohenköbencr Weg 85
48527 Nordhorn
„Nota Bene" Textverarbeitung mit altsprachlichen Bibeltexten

Gemeinschaftswerk der
Evangelischen Publizistik
Postfach 50 05 50
60394 Frankfurt a. Main
„Der Gemeindebrief", Material und Gestaltungshilfe auf Diskette

Markus Wißkirchen
Ludwig-Wolker-Str. 2
51519 Od.-Altenberg
Ministrantenplanerstellung

Evangelischer Werbedienst,
Imatel Mediengesellschaft mbH
Theodor-Heuss-Str. 23
70174 Stuttgart
*Druckfertige grafische
Vorlagen auf PC-Disketten*

GTC-Religio-Infodienst
Winfried Müller
Schäfferstraße 2
07743 Jena
Sektendatenbank

Bergmoser + Höller Verlag
Karl-Friedrich-Straße 76
52072 Aachen
*„digital image" Grafik- und
Textdisketten sowie eine Auswahl
von 350 Schul-, Kinder- und Jugend-
gottesdiensten auf Disketten*

Kreuz Verlag
Zeitschriften GmbH,
Breitwiesenstr. 30
70565 Stuttgart
Pastoralblätter auf Diskette

Computer Informationssysteme
GmbH; Am Eisernen Schlag 27
60431 Frankfurt a. Main
*Haushalts-, Kassen und Rechnungs-
wesen, Friedhofsverwaltung, ...*

Verein der Pastorinnen u.
Pastoren in Nordelbien
Herrn Pastor Brauer
Bruchweg 14; 23560 Lübeck
„Geka-Gemeindekassenverwaltung"

Neues Geistliches Lied
Jugendhaus Düsseldorf
Carl-Mosters-Platz 1
40477 Düsseldorf
*Textdokumentation mit 2000
Neuen Geistlichen Liedern*

Rheinisches Rechenzentrum
für Kirche und Diakonie GmbH
Münsterstraße 261
40424 Düsseldorf
*EDV-Lösungen für die
Kirchliche Verwaltung*

Verlag Neues Buch
Hanauer Str. 1
61130 Nidderau-Ostheim
Choral

Bibellesebund e.V.
Bible Shuttle
Postfach 11 20
51703 Marienheide
*Verschiedene Christliche Programme
für Kinder und Jugendliche*

Mathias Krallmann EDV
Clausthaler Str. 33
44145 Dortmund
*OptiGem − Gemeindefinanz-
verwaltung*

L-Dat Informationssysteme
Andre Heinze GbR
Goethestraße 3
37120 Bovenden
*Biblit-Literaturverwaltung
für christliche Literatur*

Brunnen-Verlag GmbH
Abt. Software
Gottlieb-Daimler-Str. 22
35398 Gießen
Verschiedene Bibelprogramme

Rüdiger Fresemann
Hard und Software
Moorweg 13; 23845 Seth
Donum, Geburtstagsblatt,...

International

Hermeneutica Software
PO Box 2200; Big Fork
MT 59911-2200; USA;
Bible Works

Parsons Technology
One Parsons Drive
Hiawatha, Iowa 52233; USA
Bibelprogramme, Bibelatlas,
Grafiken, Griech. und Hebr.-Hilfen

Judaistische Software

Davka Corporation
7074 N. Western Ave.
Chicago, Illinois 60645
USA
Software für Dos, Windows und
Apple zu judaistischen Themen

Kontakt zum Autor:

Pastor Peter Graße
Bornstraße 12
31311 Uetze-Eltze
Fax (0 51 73) 92 1 45
E-Mail: logos@t-online.de
Internet: „http://members.aol.
com/pgrasse/welcome.html"